由心導航

青少年生活世界設計

游達裕、楊浩麟、曾家達、李潔露 編著

策馬文創 RIDING 策馬出版

《由心導航：青少年生活世界設計》

編　　著　　游達裕、楊浩麟、曾家達、李潔露
責任編輯　　謝偉強
封面設計　　蔡雁慧

出　　版　　策馬文創有限公司
電　　話　　(852) 9435 7207
傳　　真　　(852) 3010 8434
電　　郵　　ridingcc@gmail.com
出版日期　　2021 年 6 月初版

發　　行　　聯合新零售（香港）有限公司
　　　　　　香港鰂魚涌英皇道 1065 號東達中心 1304-06 室

承　　印　　陽光（彩美）印刷有限公司

國際書號　　978–988–78876-6-9

圖書分類　　社會工作

目錄

序

　　面對瞬息萬變的世界，青少年若只靠單項工作技能，發展往往受到限制，也趕不上時代急速變遷的步伐。

　　曾家達教授提出的「知行易徑」(Strategies and Skills Learning and Development, SSLD) 學習系統，旨在通過學習以發展新的策略與技巧，去處理生活及人際關係的挑戰，這正配合青少年發展的需要。因此，我們的青少年服務與「知行易徑」團隊合作，推出「青少年生活世界設計」課程，讓中學生了解世界的轉變趨勢，發展多項核心技能，學習「通用能力」及「軟技能」等概念，從而按著個人需要去設計專屬自己的生活世界，既靈活多變，又可裝備好自己以面對未來世界的多項變數。

　　在這探索過程中，不單要整理過往生涯規劃眾多理論的發展和指出其限制，更以「生活世界設計」的框架去構思創新服務。同工在過程中曾遇到不少挑戰，但從實踐中吸取經驗，不斷改良。

　　在此衷心感謝顧問團隊的指導、同工的努力，促使這本實務文集誕生；也希望此文集可成為青少年工作者的參考，齊心發展青少年服務，培育更多具質素的年輕新一代。

趙漢文

浸信會愛羣社會服務處 總幹事

1 生涯規劃的過去、現在與將來

曾家達、李穎敏

引言

　　2010 年，有人向曾家達提出知行易徑能否應用於職業輔導的問題。當時，他的第一個反應是：難道現今的職業輔導模型，未能有效地處理工作領域的急劇變化，或者回應生活世界的複雜性嗎？他於是開始思考「生活世界設計」這個想法。自 2014 年起，李穎敏參與知行易徑研發團隊的工作，並於 2016 年起關注職業輔導和生涯規劃工作的實施及發展歷史。本文是兩人過去幾年對這個題目的反思和探討的初步總結。

　　自從探討知行易徑在職業輔導和生涯規劃的應用以來，我們發現傳統的手法基本都是按「線型類別思維」（linear categorical thinking）發展；而且，主流的職業輔導還沒有從「配對」（matching）的思維框架中解放出來。再者，從近幾十年市場的急劇改變，我們也發現以「配對思維」為主導的職業輔導有好幾個問題需要處理。

　　「配對思維」把個人特性和工作性質配對起來，甚至把職業輔導的目的定型，並且有以下的假設：

　　（一）　社會中工作種類有限，例如只有技工、教員、司機、廚

師、律師等；

(二) 每個人有不同的興趣和能力，應該根據這些特性來選擇工作；

(三) 職業輔導的主要功能，是讓人認識自己的興趣和能力，然後找適合自己的行業；

(四) 職業輔導獨立於生活的其他範圍，例如個人成長、人際關係、社會文化背景等。

回應職業輔導的實踐，知行易徑中「生活世界設計」這個概念的誕生，就是出自對以上假設的詰問。生活世界涵蓋三大範疇：工作、關係、自我。這三個範疇之間沒有絕對的界線，彼此不間斷地浮動、變動，互相影響。「生活世界設計」認為這三大範疇在人生中動態地發展、各自互動，可讓當事人獲得最大可能的滿足感，實現自我的潛能和生活機會，在生活中達到最理想的狀態。

「生活世界設計」中的三大領域：工作、關係、自我

工作是生活世界三個主領域的其中一個，並非全部。對不同的人來說，工作的意義不一，重要性也有偏差：有人為得到成就感、有人為得到生活規律、有人為糊口；有人把工作放在一切之上，也有人把工作看得很輕，甚或根本不需要工作。歸根結底，人需要的是工作，還是工作帶來的收入、社會地位、生活秩序、意義、發揮所長的機會、社交和成就感？我們是否必須通過工作來滿足這些追求呢？

工作以外，關係也是生活世界中的重要部份。透過與環境互動、或與別人建立關係，我們可以達到絕大部份的人類需要，直接影響生活質素。而我們一生中，為追求良好的生活質素，會花費不

少時間於建立關係上。根據瓦爾丁格（Waldinger, 2017）與哈佛大學團隊從 1937 年開始進行的一項國際有名的長期追蹤研究顯示，良好的人際關係是長壽、健康和整體生活狀態良好的最重要因素。

自我乃生活世界的第三個領域，可以說是生命的「終極所指」（ultimate signified）。自我涉及多個層面：表面層面包括生理層次的需要和活動，例如身體、健康、體格；進深一步來說，亦包括「自我保存與保護」，這是人類進化過程中佔據著重要地位的需要。心理層面方面，自我意識、自我形象在成長和生命歷程中建構自我領域都是重要的概念；這解釋了為何有不少人窮一生精力去認識自我、用各種方式來建構或改善自我，甚至追尋自我實現或自我超越，所以自我領域於生活世界實在擔當重要角色。

生活世界在知行易徑框架中尤關重要，能回應前文對於傳統職業輔導或生涯規劃的詰問，大致總結如下：

（一）社會中工作種類繁多，多變創新，不斷更替，沒有預設的限制。除了打工之外，還可以有其他形式，如自僱、創業、投資，甚至創造各種靈活組合。

（二）人的興趣與能力並非固定而獨立的變數，而是可以通過經驗或自然成長去改變，至於工作的性質與要求也在不斷變化。配對思維假設興趣與能力都是固定不變的，當然與現實情況不符。

（三）「一世人打一份工」的現象已成過去，頻繁轉工十分普遍。在經濟結構和勞動市場高速轉型下，「斜槓」（slash）族身兼數職已蔚然成風（Alboher, 2007/2012）。那麼，我們該如何應對「尋找適合的行業」這種預想？

（四）工作只是生活世界其中一個領域，無法完全反映個人的整全經歷；工作、關係、自我三個領域之間的關係密不

可分，而且不斷地互動，彼此影響。因此，以「生活世界設計」概念取代傳統的職業輔導導向，能鼓勵全人發展。

（五）基於以上觀點，「生活世界設計」強調變化與發展。人生並非於固定的類別中選擇，選擇和處境也並非恆定不變。隨著時間與個人成長，如何可以在不同的人生階段或處境中，作出有效的應變？「生活世界設計」的目的，就是讓我們滿足需要、發揮潛能、提升生活質素。

「生活世界設計」應用於生涯規劃和職業輔導，旨在提供一個比較切合生活現實的視角和對應策略。職業輔導的歷史源遠流長，各派學者對生涯規劃有著不同的關注。「工作」、「職業」、「人生規劃」這些概念，在不同的時代與國家，都有不同的意義和限制。考慮進行生涯規劃或職業輔導時，不妨首先回顧相關的歷史，參考有價值的地方，同時思考現今急促改變的社會現實，再探討「生活世界設計」的無盡可能。

源起：職業輔導

1908 年，「職業輔導」概念在美國波士頓刊物橫空出世。在此之前，即十九世紀末，英國、蘇格蘭、瑞士、德國等歐洲各國，早已就工業革命對傳統經濟模式的影響，紛紛開始想像「未來職業」的可能性（Savickas & Savickas, 2019）。因此，「職業輔導」已經有超過一百年的歷史，經歷過不同時代的轉變。至今，職業輔導發展出多個流派，主要分為四大類（Hartung, 2010）：個人與環境配對（person-environment fit）、生涯發展觀（life-span development）、社會認知論（social-cognition）與社會建構論（constructivist social constructionism）（表一）。

表一

流派	核心人物	主要相關刊物
個人與 環境配對	帕森（Frank Parsons）	*Choosing a Vocation* (1909)
	賀蘭（John Holland）	"A Theory of Vocational Choice" (1957)
生涯發展觀	蘇柏（Donald E. Super）	*The Psychology of Careers: An Introduction to Vocational Development Theory* (1957)
社會認知論	甘普茲（John Krumboltz）	"Planned Happenstance: Constructing Unexpected Career Opportunities" (1999)
社會建構論	惠茲（Michael White） 雅普森（David Epston） 莎域格斯（Mark Savickas）	*Narrative Means to Therapeutic Ends* (1990) "Career Counseling in the Postmodern Era" (1995)

一、「職業輔導之父」帕森：個人與環境配對（1909）

1908 年，帕森於美國波士頓倡議成立職業訓練局。帕森一直積極推動社會改革，而他在一年後所出版的 *Choosing a Vocation*，提出職業輔導的原則及實踐方法，改寫了工業革命以降有關工作與職業的想像，被稱為「職業輔導之父」（Jones, 1994）。

在帕森提倡改革之前，「工作」與「職業」並不是現代社會中富有想像空間的概念。事實上，「職業」這個概念也是第二波工業革命的新發明（Savickas & Savickas, 2019）。工業革命之前，社會秩序與個人概念緊緊相連，人們視自己為農務經濟的一員，因此，他們對「工作」的定義就是貢獻農務社會，維持社會的經濟秩序，鮮有個體化的思想（Savickas & Savickas, 2019）。

雖然帕森的年代已距離工業革命一段時間，但社會對「職業」的想像卻仍未革新，依舊沿用農業社會的一套。當時，已達法定工作年紀的青少年得到訓練，讓他們學習新技能，方便找工作、入職、維持生計。人們透過標準的評估測驗，選擇自己的職業，進入職場，貢獻社會，鮮有了解自己的所長和天賦。

帕森所提倡的職業輔導模型，前所未有地強調了科學的重要性與「個體化」（individualization）的個人特性：年青人應該首先「知己」，經科學理據的自我評核，認識自己的能力、志向和資源限制，再依自己所好，選擇職業，並再次使用真實理據（true reasoning），了解自己要怎樣做才可以在該職業當中，實際地發揮所長（Savickas & Savickas, 2019）。帕森的模型被稱作「個人與環境配對」，將現實結合科學理據，強調個人特色，而不是訓練人成為工場內的機械齒輪，按時和有系統地完成工作。職業輔導員則擔當扶助的角色，協助青少年找出興趣與所長，用長處和才能去尋找工作。

帕森強調個人特性與職業差異性（differentiality）的思想，奠下了職業輔導重要的基石，使職業輔導的專業漸趨成熟。然而，這種以配對思維為主的職業輔導，雖然是農業經濟年代的新穎產物，卻不足以應付二十世紀中葉的經濟模型。以知行易徑的框架來分析，帕森的理論模型建基於線型類別思維，假設人的特性與能力不變，工作的職能也不變，忽略了現實的多樣性變化，也限制了職業發展的選擇。

受到帕森與當前社會現實的影響，賀蘭及蘇柏分別發展自己的職業輔導框架，他們的理論框架對「人」的發展有著更深入的見解，尤其在帕森強調的個人化規劃原則之上，加強考慮人的多樣性以及人本需要。

二、職業六角型——賀蘭：事業性格類型理論（1959）

1959 年，賀蘭提出事業性格類型理論（Vocational Personality，又稱「職業六角型」，Holland Hexagon），改善了帕森「個人與環境配對」中的配對原則。上面提過職業輔導內的配對原則，不足以應付二十世紀中葉新興起的經濟模型。賀蘭相信事業發展是「人」與「環境」互相配對的過程，而選擇職業的過程、結果，則是個人性格的展現流露（梁湘明，2015）。事業性格類型理論利用心理測量，將人和社會環境歸為六大類型：現實型（realistic）、探究型（investigative）、藝術型（artistic）、社交型（social）、企業型（enterprising）和傳統型（conventional），合稱 RIASEC（Holland, 1997），各自指向不同的類型、價值與能力（Holland, 1959）。個人性格與環境互動，決定個別行為。

賀蘭用「職業六角型」中代表各個特質的字母，組合為三個字母的「職業代碼」（Holland Occupational Code），將不同的職業分類，例如「小學老師」的職業代碼是 SAE，代表了當時小學老師一職是社交型、藝術型、企業型的組合（梁湘明，2015）。

賀蘭的理論建基於帕森的「職業差異性」，強調人性與環境的多元，將其歸類，職業輔導員因而有更廣闊的眼界了解人與環境的多元性質，也提出「職業」能有多項潛質和可能。職業輔導員可以用賀蘭的「職業代碼」去協助當事人找出自己的「性格代碼」，從而配對符合的職業，是「個人與環境配對」模型的昇華模式，可以說是二十世紀中葉個人化生涯規劃的先聲。

然而，反觀現今社會，職業多元，職務日益變遷，加上斜槓現象成風、科技日新月異，影響日常生活。雖然「職業六角型」的「職業代碼」能幫助我們找出所長，卻難以將職業定型歸類。儘管「職業六角型」有可借鏡的地方，它改善了帕森理論的不足，加入了個

人化的元素，但仍然停留於線型類別思維。

三、初探「生涯」概念——蘇柏：生涯發展觀 (1953)

今天，生涯規劃一詞對普羅大眾來說應該不會陌生。事實上，「生涯」這一概念，亦是二十世紀初的產物，源於 1904 年剛誕生的新概念：「青年階段」(adolescence) (Hall, 1904)。在此之前，人生由「小孩」與「成人」兩大階段構成；「青年」階段概念的誕生，令學者思想人生由多個階段構成的可能，從而啟發了蘇柏的「生涯發展觀」。

蘇柏對職業輔導採取「生涯發展觀」(Super, 1953)，與上述帕森與賀蘭的「個人與環境配對」相異。「個人與環境配對」職業輔導模型協助當事人找到自己的能力與志向，從而找對工作；然而「生涯發展觀」的重點是人如何在不同的生涯階段中發展「事業」(careers)。

蘇柏以「生涯彩虹圖」描述「生涯發展觀」，解釋人生經歷五個階段：成長 (growth)、探索 (exploration)、建立 (establishment)、維持 (maintenance) 和衰退 (decline/ disengagement) (見圖一)。而這五個階段亦是由「次階段」(developmental stage) 發展而成，即我們的各個階段又會經歷「成長」、「探索」、「建立」、「維持」與「衰退」的發展。「生涯彩虹圖」反映人生的「生活廣度」(life-span) 和「生活空間」(life space)，兩者交互影響。而且，人在不同的人生階段扮演著多個角色，例如一個人同時是學生、兒女、社會公民。

不同的人生階段，由不同的角色輪流擔當主角。雖然每個人經歷的形態和年齡不盡相同，然而都是必經的階段，每次又都經歷這些階段的循環。如上文提及，每個大階段轉換到下一個大階段時，也會渡過這五個次階段所形成的循環。個人的事業成熟度 (career maturity)，便是憑能否有效地處現各階段需要面對的職業發展任務

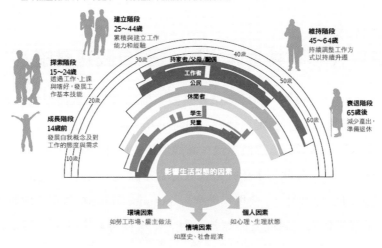

生涯彩虹圖：人生是多重角色的組合

1980年代，美國知名生涯發展學者唐納・紓伯（Donald Super）發現，人所扮演的身分角色影響人生每個階段的心態與行動，據此畫出「生涯彩虹圖」（Life-Career Rainbow）：不同的角色就像彩虹的不同顏色，橫跨人的一生，內圈呈現凹凸不平、長短不一，代表在該年齡階段不同角色的分量。

建立階段
25～44歲
累積與建立工作能力和經驗

探索階段
15～24歲
透過工作、上課與嗜好，發展工作基本技能

成長階段
14歲前
發展自我概念及對工作的態度與需求

維持階段
45～64歲
持續調整工作方式以維護升遷

衰退階段
65歲後
減少產出，準備退休

持家者/父母/配偶
工作者
公民
休閒者
學生
兒童

40歲
30歲
20歲
10歲
50歲
60歲

影響生活型態的因素

環境因素
如勞工市場、雇主做法

情境因素
如歷史、社會經濟

個人因素
如心理、生理狀態

來源：https://www.managertoday.com.tw/articles/view/50266
註：Donald Super 本文譯作蘇柏。

圖一：蘇柏之生涯彩虹圖及人生發展階段

（career developmental tasks）來判斷。

　　在蘇柏提倡的發展觀下，「職業」的定義是指不同人生階段和人生角色互相交流的過程，並強調「自我概念」（self-concept）的重要性，而職業發展等同「發現和實現自我概念的過程」。「職業自我概念」（vocational self-concept）雖然只是整體「自我觀念」的一部份，卻是個人整個生涯形態的驅動力（Super, 1953）。

　　蘇柏的理論框架加入了「生涯階段」的概念，凸顯「生命歷程」的時間維度，指出人在一生不同的階段擔當各個不同的角色，因此性格和興趣是變數，並非一成不變的因素；而且，「工作職業」只

屬整個生涯的其中一環，説明職業發展乃是一個生命過程，[1] 肯定一個人的生活世界由多方面、多角色組合而成。

近代發展：
後現代思潮與生涯規劃──自我建構論

二十世紀後期，由「職業差異觀」創立的「個人與環境配對」和「生涯發展觀」穩定地發展。同時，互聯網出現並迅速普及，金融業取代製造業成為經濟主流，新經濟模式因此誕生新的職業和營商環境，通通都改寫了舊式現代社會對「職業」的理解（Savickas & Savickas, 2019）。「後現代思潮」（postmodernism）湧現，顛覆了後工業年代人們對現實的認知，對大眾與社會影響甚鉅，而主張「建構論」（constructivism）的職業輔導派別大幅冒起。

後現代思潮主張：（1）現實實為社會建構、（2）現實是由語言（language）及論述（discourse）構造和組織而成；論述以外，一切都不存在，這包括個人的「人格性」（personhood）及「本我」（essential self）（Campbell & Ungar, 2004; Freedman and Combs, 1996）。換言之，要了解人所認知的現實和經驗，只可以用「生命敘述」（life narrative）、「生命故事」（life story），片段式來理解自身的存在及經歷（Campbell & Ungar, 2004）。

後現代思潮最大的特色是個體化與個人化。人不再是公司的財產、世界的部份，而是屬於自己；這個世界是「由內到外」地建

1　本文交替使用職業輔導及生涯規劃作為「career counselling / career planning」的中文翻譯，就是本於蘇柏的學説開創性地界分了工作與職業之間環環相扣的關係：職業（career/vocation）不單是工作，而是由人全面的人格、動機、特點來界定的人生使命。

造（from the inside out）（Patton, 2019）。同時，在後現代社會，以往權力集中、職能統一的職業和公司通通被碎片化，在新經濟模式下必須轉型，市場上興起兼職、短期合約、自由工作等職業選項（Savickas & Savickas, 2019）。面對新型經濟、科技發展和後現代思潮影響下的社會，令我們不禁思想：長期留在一家公司或職位發展，是明智的決定嗎？

此外，歷經後現代思潮的影響，職業輔導與個人輔導的界線逐漸模糊，換言之，職業輔導員應融合兩者來達到有效的質性評估，以「故事」（stories）而非「分數」（scores）為本（Krumboltz, 1993; Savickas, 1993），鼓勵當事人敘述他們的生涯故事，由此揭示個人、主觀的生命主題（McMahon & Patton, 2002）。如此發展，進一步淡化了工作與生活世界其他部份的界線和分野。

一、甘普茲：「社會認知學習理論」與「善用機緣論」

1970 年代，甘普茲（John Krumboltz）以班度拉（Albert Bandura）的社會學習理論為基礎（1971），提出「事業選擇的社會學習理論」（Social Learning Theory of Career Choice）。他發展出職業輔導界別中「社會學習觀」（social learning），主張人的性格與行為特性，都是由個人獨特的學習經驗所影響和構成，因此每個人都可建立獨特的個人見解。「社會認知學習理論」框架中，個人總體能力、天賦、環境、學習經驗（learning experiences）及任務取向技巧（task-approach skills）五大因素相互影響，建立一個人的生涯（Krumboltz, 1993）。1986 年，班度拉將社會學習理論修訂為「社會認知理論」（social cognitive theory），建構了一套更完善的心理學理論，解釋人的思想、行為、動機和社會現實之間的關係。其後，受班度拉的社會認知理論啟發，職業輔導領域中亦開創出社會認知事業理論

（Social Cognitive Career Theory）（Lent, Brown, & Hackett, 1994）。

學習經驗於這套理論中扮演重要的角色，可分成兩類：工具性學習經驗（instrumental learning experiences）及聯結式學習經驗（associative learning experiences）。這套理論協助當事人了解他們可做到的事，從而建立實際的世界觀和個人觀，有目的地拓闊興趣和事業機會。

2009 年，甘普茲發表「善用機緣論」（Planned Happenstance Theory）。他留意到傳統理論忽略了後現代思潮偶發的「機緣」（happenstance），[2] 強調偶發事件也是塑造學習經歷的因素之一。因此，他鼓勵我們抱持開放態度，本著好奇心、堅持、彈性、樂觀和冒險精神來面對偶發事件，應視偶發的機緣為學習與探索的機會，用好奇心轉化成學習的動力，克服實踐過程中的障礙，修正原有的計劃。這些看法響應後現代思潮的「自我建構論」：人的潛能廣闊，學習空間開放，應與環境互相對話契合，從萬變的日常生活中尋找意義，開拓穩定性（Patton, 2019）。

二、敘事療法與生命設計輔導

基於自我建構論為主的輔導趨勢，近年的職業輔導主要引導當事人透過故事形式組織思緒，建立自己的生命故事、確立個人身份、為生命的問題賦予意義（Savickas, 2013）。

敘事療法在 1980 年代由澳洲學者惠茲（Michael White）及紐西蘭學者雅普森（David Epston）共同提出，主張「人本身不是問題，問題才是本身的問題」，並協助個人從問題「外化」，將人從一個單薄、被問題充斥的故事中釋放。敘事療法鼓勵當事人敘述其

2　班度拉的社會認知理論，也認定隨機事件對人的性格和行為有一定的影響。

「生命故事」，透過語言來看自己充滿情感和關係的人生，重新認識自己豐富的生命，並透過對話過程予以「重寫生命故事」的機會。而當事人主動地透過訴說自己的過去、現在、將來，建構個人生活世界，理解自我，發現生命主題，而且理解本身令自己愁惑的問題也是由社會建構造成（socially constructed）。

其後，加拿大學者佩非（Vance Peavy）提出社會動力輔導（SocioDynamic Counselling），主張個人身份會根據故事、意義的形成而轉變；而且，一個人對自身的身份亦會跟環境互相協調轉變。透過文學技巧如自傳式敘事、故事模型，以及溝通、說話、聆聽、影像化、寫作和閱讀這些文化工具，建構個人身份。

及後，莎域格斯（Mark Savickas）擴展了蘇柏「自我概念」的框架，建立了生活設計輔導（Life-Design Counselling）的主張；他將「自我概念」視為現代社會「個人化」現象的重要特徵，是近年職業輔導的主導者之一。

2011 年，澳門理工大學教育學院金樹人教授曾應用敘事療法於「E 世代生涯規劃」（金樹人，2011）。他留意到「E 世代」「數位寶寶」（digital natives）的成長背景充斥的是互聯網，與上一代「數位移民」（digital immigrants）的成長和文化背景有著天淵之別，因此也面對不一樣的生涯規劃疑難。金教授有多年為台灣高中生進行生涯輔導的經驗，其中有為高一學生舉辦自我探索輔導、為高二學生舉辦生涯故事工作坊（2011）。根據金教授的研究，高中生生涯規劃的核心能力包括「know who」、「know what」和「know how」，透過這些輔導和敘事工作坊，學生有能力去敘述自己的生平故事，例如「過去我」、「現在我」、「未來我」，並得知自己有何選擇、有甚麼目標、有甚麼行動方案等（金樹人，2011）。

三、泰德曼：「主體自我」

另一方面，學者（Field, Tiedeman, & Kehas, 1963; Savickas, 2008）批評蘇柏「職業發展觀」雖然強調「自我概念」（self-concept），但他所界定的「自我」實在是當時職業輔導中的「客體」（object），從不同的評估來理解自我的性格特點（traits）建構而成；當時的「主體」仍然是以環境與職業為重，與現今「自我建構論」的「主體自我」有所不同。

泰德曼（David Valentine Tiedeman）指出「自我」應為「主體」（subject）：「自我」是一段不斷演變的過程，而不是固定的狀況（state），這個過程亦因人而異。在泰德曼的倡導下，生涯規劃是「自我整理」的過程：自我作為主體（subject），一邊行事、思想，一邊有條理地理解過往經驗和期待未來，建立自我（Field, Tiedman, & Kehas, 1963; Savickas 2008）。因此，職業輔導員應盡力協助當事人理解如何將自己的經歷，整理為這個逐漸建構的「自我」，有意識地留意個人意識的運作。

職業輔導一路走來，由關注職業發展到關注個人發展，見證農業經濟、工業經濟、企業經濟與現今的全球經濟；「職業」也已經歷概念上的進化與變遷。2019 年，莎域格斯總結了過去一世紀的職業輔導職能、信念、模式與方法，引述如表二（Savickas & Savickas, 2019）：

表二

經濟體系	哲學信念	實行模式	方法
農業 （1950–1909）	理性主義 （Rationalism）	教學模式 （Pedagogical）	指導 （Mentoring）
工業 （1910–1949）	經驗主義 （Empiricism）	個人差異 （Individual differences）	引導 （Guiding）
企業 （1950–1999）	人本主義 （Humanism）	生涯概念 （Lifespan）	發展 （Developing）
全球 （2000–2050）	建構主義 （Constructivism）	生命設計 （Life Design）	建構 （Constructing）

知行易徑框架：「生活世界設計」

我們提出的「生活世界設計」概念，與近代發展的生命設計輔導最為相近。在知行易徑框架下，生活世界由工作、關係和自我三個領域建構，三者彼此相連、互相重疊，而且互為影響。這三個領域的互動，打破固定類別的界限，因此，我們稱之為「非類別」（non-categorical）的想像。而且，生活世界的建構整合我們所經歷的時間與空間維度，肯定自身及外在環境的經歷和變化。知行易徑的特點在於融合物理世界與生活世界兩個維度，因此，「時間」和「空間」除了是物理層次的概念以外，亦指個人經歷中的生活時間以及多層次的生活空間。

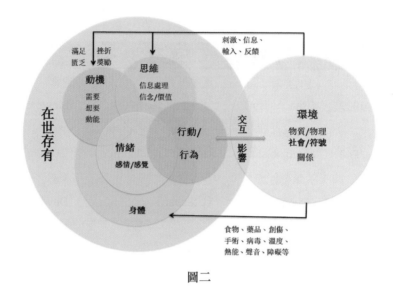

圖二

「生活世界設計」建基於知行易徑系統（曾家達，2017），肯定人的主體性，定位於生活世界之中，了解到主體性的演現（performativity），涉及環境、身體、動機、思維、情緒、行為六個領域有機和自然的互動。從實際體驗角度來說，如前文曾提及，可以將人們在生活世界裏面的活動，以工作、關係和自我三個領域來理解。

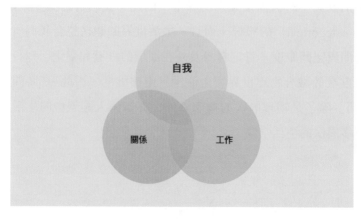

圖三

　　如圖三所示，個人的生活世界可分為三大範疇：自我、關係、工作。概念上，三者並存，彼此無分邊界，互相重疊，意即範疇之間重疊的空間：例如關係與工作重疊的空間示意工作中建立的關係、自我與工作重疊的空間代表這兩個範疇互相影響的比重。不僅範疇之間沒有絕對的界限，而且各範疇在各人的生活世界所佔比重大小，也因人而異。

　　圖四所示的，是一個工作大過天的人的生活世界示意圖。這可能是一個經營家族生意的老闆的生活世界：對他來說，生意就是他的全部，因此工作佔的比重較大；他的自我意識主要建基於工作的成敗，因此自我也被包圍於工作的領域當中。至於關係，他的家人和他一起經營生意，他平時比較少涉獵工作以外的社交群體，所以他的關係主要與工作重疊，社交生活都是與在同一工作環境的家人和員工互動，而這種關係、工作的連帶關係，也影響他的自我感觀和得失成敗觀。

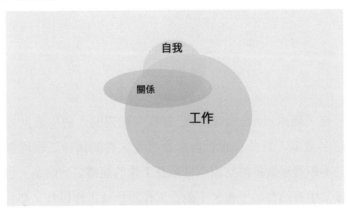

圖四

　　又以圖五為例：這可能是一名雙職型女士的生活世界示意圖。她雖有工作維生，然而，她實際的工作內容與職能，對她自身的自

我與關係重疊不多，影響也不大，可想而知這是一位把工作與生活分割的母親。而且，她的自我範疇十分窄小，生活世界主要以關係和工作主導。由於工作與關係和自我的重疊較少，工作上的升遷對這位母親來說可能並不重要；然而，工作以外的關係對她才是至為切身的。以她的家庭生活為例：孩子的學業成就和健康，可能比工作成就和自身健康更重要；一張由孩子親手製造的母親節賀卡，比工作上的升職加薪認可，更影響她的滿足感；一個「好母親獎」比「傑出員工獎」能令她的自我感到更有價值。

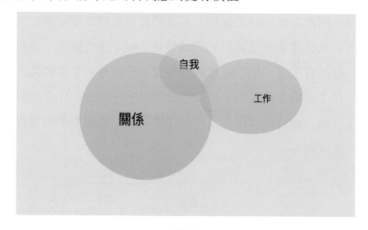

圖五

最後，圖六展示一名對自己有極大期望的人的生活世界示意圖。這名當事人對於自我看得極為重要，在關係和工作兩個範疇上，他不斷尋求進步的空間，持續在工作的範疇名列前茅，也在人際關係當中有適當的平衡，不論在工作場所或工作以外，都有社交群體，而這些社交群體，也是讓他能夠展現自我的場地。

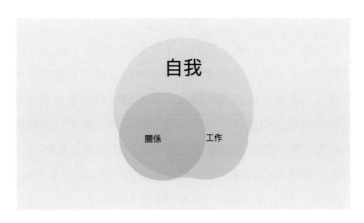

圖六

上述圖三至圖六的概念圖，解釋了知行易徑框架內的生活世界，由自我、關係、工作構成，各有不同比重、重疊的空間，闡釋了一個人的行事動機和情感價值等等。

何謂工作？

工作是社會建構的概念，泛指社會或經濟學所界定的工作，例如老師、社工、醫生、商人、文員等等。事實上，我們身邊有不少人並沒有工作：無業者、退休人士、打理家務者，以及大部份時間照顧或護理親人者，他們落在「有工作」與「沒有工作」之間的分野當中。

除了工作名稱，我們還有各式各樣的名詞和概念來了解生活世界中的這一大領域：例如職業（vocation）、職位（job）、專業（profession）等不同概念，也可以用「從業」一詞來形容自僱和經營生意的人。當然，事業（career）依然是一個核心概念，一般包含了時間或人生歷程的維度，超越了當下的工作和在職狀況。香港

人一般理解「事業」概念為「職業生涯」，或簡稱「生涯」，所以說到生涯規劃（career planning），就是「計劃職業生涯」的意思。

然而，除了上述諸般概念，工作也可以被理解成中文中另一個常用的概念：寄託，意指我們投放大量時間與精力的事情，而且不一定是社會所定義的工作。在知行易徑的視角中，建立主觀的建構並給予意義，跟客觀的社會建構同樣重要，甚至更加重要。

近年在職場流行的討論中，也有人提出「呼召／感召」（calling）和「目的／標杆」（purpose）等概念，重點不在於工作或所從事的活動的客觀性質，而在於當事者的主觀態度，這也是重視或肯定主觀現實建構的另一表現。

生涯規劃的實踐

受到賀蘭的「職業六角型」啟發，在 1994 年的美國，學童於晉升十一年級（中五）前，就會選定一個「主修事業」（career major），協助畢業後認清就業機會。高中畢業生不僅獲得中學文憑，亦會獲得一張業界認可技能證書（industry recognized skill certificate）。如此一來，不打算攻讀專上教育的高中畢業生能提早認清志向，亦能相對提高市場競爭力。

然而，甘普茲（Krumboltz & Worthington, 1999）認為「職業六角型」之類的人格測驗，會使年青人失去探索未來的興趣——人們大多只對自己有過經驗的事情感興趣，鼓勵年青人向自己有興趣的事物深入探索，卻同時縮窄了當事人探索新興趣的機會和機緣。甘普茲還指出，學童提早得到工作訓練是件好事，但若打算透過高中的工作經驗來斷定學童未來的事業，卻可能箝制了學童探索潛能的可能。因此，他提出的「社會認知學習理論」和「善用機緣理

論」，重點在於職業輔導應協助學童「充權」、擴闊可探索的空間（Krumboltz & Worthington, 1999）。

在香港，生涯規劃於 2014 年被納入施政報告內，《讓有需要的得到支援 讓年青的各展所長 讓香港得以發揮》中提出向學校撥款，聘請老師、鼓勵學校與機構合作，輔導學生規劃職業路向（香港特別行政區政府，2014）。

其後，教育局推出《中學生涯規劃教育及升學就業輔導指引》，列明學校生涯規劃的建議理念及實踐模式，指出現時社會知識泛濫、科技發展迅速，學生需要作出眾多選擇；透過加入生涯教育、批判和獨立思考訓練，幫助學生在職業規劃上作出正確選擇（香港特別行政區政府教育局，2014）。

前教育局局長吳克儉在「開創年輕一代的未來——生涯規劃教育論壇」上指出：

(1) 生涯規劃有賴不同持分者「凝聚共識和建構願景」，以及緊密合作，以提供支援，讓青年人尋找就業及升學前路，宏揚學業及事業抱負。

(2) 在本世紀，社會發展邁向各行各業的「專業化和多樣化」。此外，香港教育制度「靈活和多元發展」，課程能使學生「了解自己的興趣和能力、伸展學生的視野探索未來、為前面的發展及機遇作出準備、啟發終身學習觀念、作出適性選擇，有機會發展所長」。

(3) 生涯規劃教育包含「V PASS」五個字母及相關價值觀和取向：「價值觀」（Values）、「多元途徑」（Paths）、「態度」（Attitude）、「自我了解」（Self-Understanding）及「技能」（Skills）。

（香港特別行政區政府新聞處，2014）

根據香港教育局升學就業輔導，生涯規劃是一個終生持續的過程，幫助學生達致人生不同時期的目標。在求學時期，生涯規劃主要幫助學生認識自我、規劃個人發展路向、設訂目標和進行反思，以及了解各種升學就業途徑（香港特別行政區政府教育局，2014）。

評估／研究工具及方法

近年的職業輔導方向與二十世紀主導的「指導」和「引導」南轅北轍，傳統的職業輔導工具大多由輔導員提供信息和發出指示，以「指導者」的角色位置來引導當事人（McMahon, 2002）。現今的職業輔導大趨勢，受建構主義的一大原則導引：「在建構主義下，輔導員少給予指令和指示，反而促進探索和重整結構的過程。」（Peavy, 1995）。

一、自我建構理論：共建意義

在近年流行自我建構理論的趨勢下，職業輔導離不開敘事理論（Narrative Theory）、生涯建構理論（Career Construction Theory）和生命設計理論（Life-Design Theory）三大框架。這些框架透過輔導員與當事人的對話來製造和重新發現「意義」（meaning）。

麥曼與柏頓（McMahon & Patton, 2006）提議，有效的敘事性評估，大概可分四類：自傳（autobiography）、早期生活記憶（early recollections）、有結構的訪談（structured interviews）和生涯卡（card sorts）。時間線（Timeline）、生涯線（Lifeline）、「Genogram」和「Career-O-Gram」等工具，亦有效協助當事人道出他們的生活經驗，建構現實（McMahon, Patton, & Watson, 2003; Thorngren & Feit, 2001）。

二、系統理論

麥曼與柏頓也提出了系統理論（Systems Theory）框架，回應莎域格斯的建構主義職業輔導和敘事療法（Patton & McMahon, 1999, 2006）。系統理論框架主導的輔導模式中，輔導員與當事人互相影響，但同時互為獨立個體；他們在輔導過程中要建立可對話的關係，以免一方被另一方支配，過份影響個人的價值和期望。

理論框架以語言（language）為中介，旨在建立故事，以「共同創建現實」（co-construct reality）為目標（McMahon & Patton, 2006）。麥曼與柏頓使用「影響生涯規劃的自我系統」（My Systems of Career Influence, MSCI）為工具，導引當事人逐步尋找對他們生涯故事的種種影響。輔導過程以充權為目標，隨著當事人的需要、處境、特性和能力而改變，隨時轉換設計，以對應現實情境的轉變。

三、未來生涯自傳

有效的敘事職業輔導能夠改變人的自述故事。可是，量度工具卻寥寥可數（Rehfuss, 2009）。尼佛斯（Mark C. Rehfuss）因而發表協作工具「未來生涯自傳」（Future Career Autobiography, FCA），量度當事人職業敘事的變遷。

四十八名年齡 18 至 23 歲的男女大學生，參與了為期 8 星期的職業探索課程。每星期，他們用 10 分鐘寫下大約四至五句有關自己的記敘。「未來生涯自傳」受生命設計及敘事療法的框架啟迪，主張這些短篇記敘文的內容，流露出作者的核心價值和自我觀念，反映他們對生命和生活的認知（White & Epston, 1990; Zimmerman & Dickerson, 1996）。透過分析參加者 8 星期以來每次用字遣詞的選擇和變遷，尼佛斯發現共有 38 名參與者在課程的過程中，每每顯得方向更清晰、願意探索路向，而且能列出所有期盼和專注的職業目標（見附件一）。

四、生涯建構理論（Career Construction Theory, CCT）

莎域格斯（Savickas, 2005）的生涯建構理論有三大元素，分別是職業類型、生涯適應力、生命主題。理論上，生涯建構理論能夠分別出這三大元素，而在生命記敘中，這三個元素互相聯繫，難以切割。然而，要將這三大元素獨立透視，也可以使用下列工具：首先，是視職業類型為一個「個人神話」（personal myth），以個人作為這個神話中的英雄主角（Corso & Rehfuss, 2011; McAdams, 1993）；而生涯適應力，就是這名主角在他自己生活故事中處理障礙的方式；生命主題就充足地反映了主角的動力，透過生涯故事訪談來揭示。

以上提及的工具和方法，只是北美主要的理論和實踐綜覽，並不全面，但卻可以反映兩點：首先，在歷史發展中，所謂生涯規劃工作，在理論、研究和實務方法方面都有多樣性；其次，職業輔導和生涯規劃實務與主流學術論述之間的關係，是以發展角度來理解在這個領域中理論和方法的轉變歷程。

知行易徑系統裏的生活世界，是一個多維度的概念，能夠有效地對應外在社會經濟情況的急劇變化，以及照顧到個體生活世界的複雜性。我們提出的設計概念強調應變性（contingency），不斷反覆設計和修訂，並非以一次性的決定去設定人生以後的發展。

此外，在概念上，知行易徑有別於其他以工程或機械設計範式為藍本的方法（例如：Burnett & Evans, 2016），除了強調「設計」的功能性，我們更重視設計的美學維度。關於知行易徑的美學觀點，可能超出了本文探討的範圍。總而言之，除了功能性之外，主觀的個人喜好，是「生活世界設計」的重要維度，不容忽略；把實用性和美感結合起來，是知行易徑理想的設計。

附件一：尼佛斯（Rehfuss, 2009）「未來生涯自傳」結果分析

　　下表引用「未來生涯自傳」參加者所述自傳中的主要主題
（theme），共分為兩大類：生命質素及職業憧憬。生命質素又分
四小類：成就（achievement）、人際關係（relationships）、安全感
（security）和人生經歷（experiential）；職業憧憬分兩小類：正向憧
憬（positive desires）及消極渴求（negative desires）。下表亦描述
了八項「未來生涯自傳」參加者的敘述轉變：有參加者本來對自己
的生涯毫無頭緒，只能籠統地說出自己的渴望；在參加這個項目

Results of Future Career Autobiography Analyses

Theme	Verbal Content
Quality of Life	
Achievement	"I want to graduate; be making good money; to have a house; have a new car"
Relationships	"To be in a stable relationship; to be married; to be married with two or three children; to have a beautiful wife and a family; to have a Malamute dog"
Security	"To have a stable job; a good job"
Experiential	"I want to travel; to have fun; to be happy; to live somewhere warmer"
Occupational Desires	
Positive Desires	"A job that satisfies my wants; is fulfilling; satisfying; professional; beneficial; enjoyable; helpful; challenging; that I love; look forward to; makes a difference or impact"
Negative Desires	"I want a job where I don't struggle to pay the bills; one that doesn't make me miserable; I don't want to worry about money; I don't want to get help from my parents"
Degrees of Change	
General Fields and Desires to Specification and Exploration	
General Interests to More Specification	
Nondescript "Job" to Specification	
Disregard to Direction	
Vagueness to Focus	
Hindered to Hopeful	
Fixation to Openness	
Stagnation	

後，有清晰、仔細明確的人生路向，並願意探索（general fields and desires to specification and exploration）。第二項轉變是由一般的興趣發展至明確、具體的興趣（general interests to more specification）。其他轉變包括：由職業的不明路向到明確路向（nondescript job to specification）、無意探索到有方向（disregard to direction）、模糊不定到聚焦（vagueness to focus）、受阻礙到有展望（hindered to hopeful）、偏執到開放（fixation to openness），以及停滯不變（stagnation）。

參考文獻

Alboher, M. (2007/2012). *One person / multiple careers: The original guide to the slash career*. New York: Warner Business Books.

Bandura, A. (1971). *Social learning theory*. New York: General Learning Press.

Bandura, A. (1986). *Social foundations of thought and action: A social cognitive theory.* Englewood Cliffs, NJ: Prentice-Hall.

Brott, P. (2001). The storied approach to a postmodern perspective for career counseling. *The Career Development Quarterly*, *49*, 304–313.

Burnett, B., & Evans, D. (2016). *Designing your life: How to build a well-lived, joyful life.* New York: Alfred A. Knopf.

Campbell, C., & Ungar, M. (2004). Constructing a life that works: Part 1, blending postmodern family therapy and career counseling. *The Career Development Quarterly*, *53*(1), 16–27. doi:10.1002/j.2161-0045.2004.tb00652.x

Cochran, L. (1997). *Career counseling: A narrative approach*. Thousand Oaks, CA: Sage Publications.

Corso, J. D., & Rehfuss, M. C. (2011). The role of narrative in career construction theory. *Journal of Vocational Behavior*, *79*(2), 334–339. doi:10.1016/j.jvb.2011.04.003

Field, F. L., Tiedeman, D. V., & Kehas, C. D. (1963). The self-concept in career development: A concept in transition. *The Personnel & Guidance Journal*, *41*, 767–771.

Fredrickson, B. (2009). *Positivity: Groundbreaking research reveals how to embrace the hidden strength of positive emotions, overcome negativity, and thrive.* New York, NY: Crown.

Freedman, J., & Combs, G. (1996). *Narrative therapy.* New York: Norton.

Hall, G. S. (1904). *Adolescence: Its psychology and its relation to physiology, anthropology, sociology, sex, crime, religion and education (Vols. 1–2)*. New York: D. Appleton.

Hartung, P. J. (2010). Practice and research in career counseling and development-2009. *The Career Development Quarterly*, *59*(2), 98–142. doi:10.1002/j.2161-0045.2010.tb00057.x

Holland, J. L. (1959). A theory of vocational choice. *Journal of Counseling Psychology*, *6*, 35–44.

Holland, J. L. (1997). *Making vocational choices: A theory of vocational personalities and work environments* (3rd ed.). Odessa, FL: Psychological Assessment Resources.

Juntunen C. L., Motl T. C., & Rozzi M. (2019). Major career theories: International and developmental perspectives. In J. Athanasou & H. Perera (Eds.), *International handbook of career guidance*. Cham, Switzerland: Springer.

Jones, L. K. (1994). Frank Parsons contribution to career counseling. *Journal of Career Development, 20*(4), 287–294. doi:10.1007/bf02106301

Krumboltz, J. D. (1993). Integrating career and personal counseling. *The Career Development Quarterly*, *42*, 143–148.

Krumboltz, J. D., & Worthington, R. L. (1999). The School-to-Work transition from a learning theory perspective. *The Career Development Quarterly*, *47*(4), 312–325. doi:10.1002/j.2161-0045.1999.tb00740.x

Lent, R. W., Brown, S.D., Hackett, G. (1994). Toward a unifying social cognitive theory of career and academic interest, choice, and performance. *Journal of Vocational Behavior*, *45*(1), 79–122.

McAdams, D. P. (1993). *The stories we live by: Personal myths and the making of identity*. New York: William Morrow.

McMahon, M. (2002). The systems theory framework of career development: History and future prospects. *Australian Journal of Career Development*, *11*(3), 63–69.

McMahon, M., & Patton, W. (2002). Using qualitative assessment in career counselling. *International Journal for Educational and Vocational Guidance, 2*(1), 51–66. https://doi.org/10.1023/A:1014283407496

McMahon, M., & Patton, W. (Eds.) (2006). *Career counselling: Constructivist approaches.* London, UK: Routledge.

McMahon, M., Patton, W., & Watson, M. (2003). Developing qualitative career assessment processes. *The Career Development Quarterly*, *51*(3), 194–202.

Miller-Tiedeman, A., & Tiedeman, D. V. (1985). Educating to advance the human career during the 1980s and beyond. *The Vocational Guidance Quarterly*, *34*, 15–30.

Mitchell, K. E., Levin, A. S., & Krumboltz, J. D. (1999). Planned happenstance: Constructing unexpected career opportunities.

Journal of Counseling & Development, *77*, 115–124.

Patton W. (2019). Career theory for change: The influences of social constructionism and constructivism, and convergence. In J. Athanasou & H. Perera (Eds.), *International handbook of career guidance*. Cham, Switzerland: Springer.

Patton, W., & McMahon, M. (1999). *Career development and systems theory: A new relationship*. Pacific Grove, CA: Brooks/Cole.

Patton, W., & McMahon, M. (2006). The systems theory framework of career development and counseling: Connecting theory and practice. *International Journal for the Advancement of Counselling*, *28*(2), 153–166. doi:10.1007/s10447-005-9010-1.

Peavy, R. V. (1995). *Constructivist career counseling.* Retrieved from ERIC database. (ED401504)

Rehfuss, M. C. (2009). The future career autobiography: A narrative measure of career intervention effectiveness. *The Career Development Quarterly*, *58*(1), 82–90. doi:10.1002/j.2161-0045.2009.tb00177.x

Savickas, M. L. (1993). Career counseling in the postmodern era. *Journal of Cognitive Psychotherapy: An International Quarterly*, *7*(3), 205–215.

Savickas, M. L. (1995). Constructivist counseling for career indecision. *Career Development Quarterly*, *43*(4), 363–374.

Savickas, M. L. (1997). The spirit of career counseling: Fostering self-completion through work. In D. Bloch & L. Richmond (Eds.), *Connections between spirit and work in career development: New approaches and practical perspectives* (pp. 3–26). Palto Alto, CA: Davies-Black Publishing.

Savickas, M. L. (2002). Career construction: A developmental theory of vocational behavior. In D. Brown (Ed.), *Career choice and development* (4th ed.) (pp. 149–205). San Francisco: Jossey-Bass.

Savickas, M. L. (2005). The theory and practice of career construction. In S. D. Brown & R. W. Lent (Eds.), *Career development and counseling* (pp. 42–70). New Jersey: Wiley.

Savickas, M. L. (2008). David V. Tiedeman: Engineer of career construction. *The Career Development Quarterly*, *56*(3), 217–224. doi:10.1002/j.2161-0045.2008.tb00035.x

Savickas, M. L. (2013). Career construction theory and practice. In R. W. Lent & S. D. Brown (Eds.), *Career development and counseling: Putting theory and research to work* (2nd ed., pp. 147–183). Hoboken: Wiley.

Savickas M. L., & Savickas S. (2019). A history of career counselling. In J. Athanasou & Perera H. (Eds.), *International handbook of career guidance*. Cham, Switzerland: Springer.

Seligman, M. E. P. (2002). *Authentic happiness: Using the new positive psychology to realize your potential for lasting fulfillment*. New York, NY: Free Press.

Super, D. E. (1953). A theory of vocational development. *American Psychologist*, *8*, 185–190.

Super, D. E. (1957). *The psychology of careers*. New York: Harper.

Super, D. E. (1980). A life span, life-space approach to career development. *Journal of Vocational Behavior*, *16*(3), 282–298. doi:10.1016/0001-8791(80)90056-1

Thorngren, J. M., & Feit, S. S. (2001). The career-o-gram: A postmodern career intervention. *The Career Development Quarterly*, *49*(4), 291–303.

Waldinger, R. J. (2017). What makes a good life? Lessons from the longest study on happiness. TEDxBeaconStreet: https://tedtalks-fa. ir/wp-content/uploads/2020/08/Robert-Waldinger-En.pdf

White, M., & Epston, D. (1990). *Narrative means to therapeutic ends.* New York: Norton.

Zikic, J., & Franklin, M. (2010). Enriching careers and lives: Introducing a positive, holistic, and narrative career counseling method that bridges theory and practice. *Journal of Employment Counseling*, *47*(4), 180–189. doi:10.1002/j.2161-1920.2010.tb00102.x

Zimmerman, J. L., & Dickerson, V. C. (1996). *If problems talked: Narrative therapy in action.* New York: Guilford Press.

李子建、江浩民（2015）。〈生涯規劃教育理論與實踐：邁向優質教育〉。《香港教師中心學報》，第十四卷，香港教師中心，2015。

金樹人（2011）。〈學生輔導服務 E 世代生涯規劃〉，刊於《2011 兩岸四地學生輔導研討會：蛻變中的你我他論文集》。澳門：澳門街坊會聯合總會 澳門理工學院。

香港特別行政區政府（2014）。《施政報告：讓有需要的得到支援，讓年青的各展所長，讓香港得以發揮》。取自 http://www.policyaddress. gov.hk/2014/chi/pdf/PA2014.pdf。

香港特別行政區政府教育局（2014）。〈教育局升學就業輔導「校長及教師專區」〉。取自 http://www.edb.gov.hk/tc/student-parents/careers-guidance/about-careers-guidance/ principals_and_teachers_corner.html。

香港特別行政區政府新聞處（2014，11 月 10 日）。〈教育局局長出席「開創年輕一代 的未來——生涯規劃教育論壇」開幕禮致辭全文〉。取自 https://www.info.gov.hk/gia/general/201411/10/P201411100837.htm。

梁湘明（2015）。〈如何幫助青少年了解事業興趣〉。香港社會服務聯會。取自 https://webcontent.hkcss.org.hk/cy/T6.pdf。

曾家達（2017）。《學習改變生活：知行易徑系統》。香港：策馬文創。

2 生涯規劃的反思：浸信會愛羣社會服務處青少年服務的經驗

楊浩麟、李潔露

引言

時代急速轉變，令我們不斷思考青少年的需要及發展藍圖。上一代看生涯規劃只為了生活糊口，但隨著社會富庶、家庭子女數目下降，年青人再不用急於找工作應付生計，而高中新學制及專上教育的普及化，更延遲了青少年就業起動的時間。美國學者 Howe 曾提出「千禧代」一詞（Howe & Strauss, 2000），意指 1980 年代以後出生的年青人，他們的特徵包括：反應奇快、熱愛影像、喜歡變化、活在當下、上網結社等，究竟這些特徵背後，反映年青人有甚麼需要？我們以生涯規劃作介入，是否能有效地幫助他們面對當前的境況，迎接未來多變的格局？

現今的年青人可謂生於物質富裕的年代，而政治經濟民生等面貌卻不斷轉變，他們渴望實踐自己的理想，卻往往遭受現實殘酷的打擊。本地報章經常報道與青少年有關的負面新聞，譬如說他們面對就業的壓力持續增加，更有港商憂慮大學生學術水平下滑、語文退步，難與中國內地甚至全球青年在市場上競爭。

若只從經濟價值著眼，本港的青少年確是身處「弱勢」，特別在市場萎縮及經濟前景不明朗的情況下，首當其衝的會是剛踏出校

園的「市場新力軍」，因為他們缺乏工作經驗，而且失業及待業人數不斷增多。上一代經常以負面角度去描述這班年青人，認為他們缺乏理想與鬥志，更別說沒有力爭上游的動力，就連行為、思想都與社會的主流價值觀相違背。因此推動年青人進行生涯規劃，並非想像般容易。

雖然推行生涯規劃並不容易，但年青一代確實需要發展自己。現時教育界和社福界往往將年青人發展的焦點放在職業規劃上，著重沿著社會階梯往上爬，於是提供許多職前培訓，以充實年青人的職場發展，期望這些技能為年青人創造向上流動的機會。這本是出於好意，然而，未來世界千變萬化，年青人是否有足夠的信心和能力，去應付各種變化及挑戰？這些職前培訓又是否可以滿足年青人各方面的需要呢？

談及青年向上流動的議題前，我們應否先了解他們的需要？在這多變的世代中，他們的需要是否得到滿足？年青人的需要不一定是物質的，也有心理的，包括愛與被愛、能力感、自我肯定、身份認同等等。因此，在推動年青人向上流動的同時，他們的心聲和需要實在不容忽視。

近年，香港的失業率因為疫情而不斷上升，但青少年仍然有不少的工作機會，不論是勞工處的展翅青見計劃，還是僱員再培訓局的青年培訓課程，都有為 24 歲以下年青人提供大量的試工機會，然而他們的求職意慾不高。這種低動力就業的現象，其實反映了年青人有甚麼需要未被滿足？未來世界快速轉變，工作類型亦在不斷改變中，沒有人能準確預測未來的發展，如果根據現時的工作世界模式去規劃，一定趕不上時代轉變的步伐，我們應怎樣幫助年青人迎接未來職場的變化呢？

生涯規劃服務的反思

在後職業時代，開展生涯規劃服務實在不容易，浸信會愛羣社會服務處的同工曾遇過不少難題，有時很快就找到解決方案，有時卻事與願違、停滯不前，令人十分氣餒。在這過程中，不難發現中學生都好像沒有動機參與，即使參與，大都對未來沒有清晰的想法，有的也不切實際。總括而言，同工就是不知從何入手。面對這樣的困局，的確讓人煩惱，但總有解決辦法。

於是，一班青年工作者就著「中學生對生涯規劃的看法」這個題目進行深入探討，為生涯規劃重新定位，並改良、設計和創作不同的教材及活動，以吸引學生的參與。過程中，發現一項極之重要的條件一直被忽視，它更是不可或缺的根本部份，就是「以學生為本」。對青年工作者而言，「以學生為本」這個詞不難理解，甚至可以寫一大篇文章去解釋，但可惜的是，當大家以為把這部份已經做得很好，事實卻不是這樣。同工一直以為「為學生著想」就是「以學生為本」，把「好東西」給予他們，或引導他們有所領會，便是最好的做法，原來不是這麼簡單！

中學生在生涯規劃過程中所要面對的狀況，實在錯綜複雜，不單是願不願意去嘗試的問題，而是有更多複雜的因素，包括個人能力、家庭、社會、文化及機遇等，當中有些更不是他們可以主動控制或改變，有些甚至只能接受和面對。更重要的是，這些因素互為影響，令情況更加複雜。經過一番整合，我們提出幾個值得思考的問題，與同工一起探討。

一、這是誰的人生？

作為青年工作者，在推動和執行生涯規劃服務前，首先要思考

一個重要的問題——「這是誰的人生？」

在推動中學生生涯規劃時，我們發現不少學生沒有太大動機參與。其實，對於生涯規劃一詞，中學生都不會感到陌生，因為近年教育界和社福界都致力推動生涯規劃，無論在課堂工作坊、周會講座、大型活動，以至課外活動，他們都經常會接觸到此課題；而在校園以外，父母親友也會主動關心他們的前途發展，可算得上是全天候式的關注。這些條件理應是一個良好孕育的環境，幫助學生認識和實踐生涯規劃；可是在不少中學生的眼中，這課題既嚴肅又沒趣味，更加遙不可及，實在難以提起勁去討論。

其中一個原因，就是大部份人都只關心學生的前途，而忽略了學生本身。他們通常只會緊張學生的前途，並且追問：「讀書成績怎樣？打算讀哪一間大學？想讀甚麼科目？將來做甚麼職業？」而最後都不謀而合地加上一句「好好讀書」，這樣便總結了生涯規劃的討論，意思就是要告誡年青人用功讀書，不要荒廢學業，否則將來後悔莫及。

這樣的討論都不是關注學生的取向及狀況，反而只是滿足輔導者或教育工作者自己的期望。可惜的是，這樣的氛圍下，學生只會覺得生涯規劃都是別人加諸自己身上的期望，或是要在資本主義社會的規範下生活，根本未能發揮啟發學生的作用。簡單而言，「沒有學生，就沒有規劃」；一切從學生出發，了解他們喜歡、關心、著緊、擔憂及害怕的事情，才能了解他們真正的需要。

二、這是跟他們談論未來計劃的好時機嗎？

一般人都認為中學生未能體會到光陰似箭、歲月如梭的殘酷，常常浪費時間在不重要的事情上，更不會為自己的前途作打算。我們要問自己的第二個問題是：「這是跟他們談論未來計劃的適當時機嗎？」

的確，中學生正處於探索自我、尋找身份認同的階段，仍未感到生涯規劃的迫切性。試回想就讀中學時的自己，那時候我們都期待時光快點流逝，渴望可以轉瞬間成為大人，可以擁有更多自由自主的機會。但當時就總覺得時間過得很漫長，距離畢業和成年還有一大段日子。原來這就是成年人與年青人之間的「時差」，這不是一條數學題，無分對或錯，只是彼此對時間的感覺不同而已。

所以今天與中學生談及未來計劃時，通常都會聽到他們回答「唔知喎」、「未諗到咁遠」、「未諗過喎」、「呢刻都未搞掂，點諗到將來」、「遲啲先算啦」；連中學文憑試都未經歷過，要他們想像遙遠的未來生活，確實不容易，更何況要他們討論當中的細節，更是難上加難。再者，在香港推崇即食文化下，事事講求快捷方便，盡快要有成果，新一代都養成了要求即時回報的價值觀，但生涯規劃卻要求他們為未來計劃前路，短則兩至三年，長則需要等待五至八年，他們的參與動機就即時大減。與其持續這種難以溝通的僵局，不如直接承認我們之間的確有「時差」，暫且放下三五七年大計，先從近一點著手、由小一點開始，從他們的興趣或日常活動作介入，例如：如何準備下個月的籃球賽或年度班際歌唱比賽等，讓他們能夠體會到籌劃的好處，知道自己是有能力為重要活動做好準備，然後才引導他們為長遠計劃作打算，那時候他們就更有動力去為未來籌謀了。

三、沒有想法就是他們的錯嗎？

在生活中，我們經常聽到「今時今日的中學生對未來發展根本就沒有想法，沒有清晰的計劃」這些說話。今天的中學生是特別不思進取嗎？他們沒有為未來打算、沒有去計劃將來，這都是他們的錯嗎？

一直以來，香港的教育制度都是精英制，透過一個接一個的考試，篩選出成績優異的學生，然後繼續為他們提供高等教育。因此，追求升學的學生都必先取得好成績，否則就會被這個學制無情地淘汰，成就了「求學就必要求分數」的學習目標，更慢慢成為一個信念，牢固地刻在每一個學生心裏。

當考試成績被視為學習過程中最重要的部份時，考試以外的知識都會遭到忽視，包括探索個人興趣、能力發展、追尋夢想等，它們對學業成績毫無幫助，於是成為不切實際的課題。同時，大家又怕其他事情耽誤了學業成績，學習範疇因此變得單一化，導致一般的中學生都不會去探索現在和未來的境況，甚至缺乏足夠的認知。這就是他們以「不知道」去回應人生方向的一個原因。

再者，現時的中學課程仍是按照過去主流職業所要求的知識而訂定；但現今資訊科技發達，人工智能亦逐漸普及，今天的職業世界已發生巨大變化，學校的課程根本追不上社會的改變，單靠過去的學科知識，實在不足以應付未來職業世界的要求。

現時不少老師努力嘗試運用不同的教學方法，以貼近職業市場的要求，包括將創新科技、STEM[1] 與課堂結合，和進行批判思維訓練等，不過始終未能擺脫教育制度中最被看重的考試制度，最後都會把其他知識拋諸腦後，將整個中學生涯聚焦在中學文憑試上，忽視學生的多元發展。

因此，將規劃未來納入常規課程是一個有效的方法，並由初中開始介入，讓學生於整個中學生涯中有機會接觸及認識相關課題，擴闊他們對世界和個人的認識，建立足夠的空間，促進他們對未來

1　STEM 是科學（Science）、技術（Technology）、工程（Engineering）和數學（Mathematics）的首字母縮寫簡稱。

的探索，從而協助他們訂立未來發展方向，並為未來目標而提升學習動機，相得益彰。

四、何謂成功？何謂失敗？

或許大家對成敗已經有了一套標準，但中學生卻處於尋找成與敗的定義階段，而且過程遠比我們想像的更複雜。

精英制為大部份學生帶來許多失敗經驗，間接造成了被社會界定的「失敗者」。雖說「失敗乃成功之母」，但我們成年人又是否能做到屢敗屢戰？答案呼之欲出吧！一個人長年累月為一個目標付出巨大努力，但最終卻失敗收場，自然會感到氣餒，想到放棄。然而，中學生正處於尋覓自我身份認同的階段，過多失敗的經驗會妨礙他們建立自信心和自尊感，好像學業成績跟不上，運動能力又比不上其他同學，久而久之，無法獲取成功感，自然覺得自己一無是處，信心就會大受打擊，這樣下去，學生又如何有勇氣對未來抱有憧憬和期望呢？

再者，中學生在學制裏缺乏適當的指導和啟蒙，他們便會對未來卻步，不敢抱有太多期盼，甚至放棄想像，認為自己反正不會成功，到最後一切只是空想，於是失去思考未來的動力。

在生涯輔導中創造有利條件，讓學生發揮所長，協助他們探索自我、認識個人能力、建立信心，這是十分重要的部份。另一方面，培養學生面對失敗，認識成功與失敗的要素，更是不可或缺的。因此我們需要培養學生新思維，盡量避免只懂得分辨對與錯、成與敗，更要讓他們學會從失敗中汲取教訓，繼續敢於迎接未來的挑戰，這樣才能提升他們建立對未來生活想像的動力。

五、「我的志願」只是一個作文題目嗎？

「我的志願」是大家都熟悉的一個作文題目，學生寫作時都流露出他們對未來的憧憬，究竟這些志願最終能否實現出來？其實，大部份人長大後都會發現這只是人生中的發夢時刻，夢想根本不可能實現。

中學生的一個明顯特點，就是特別多鬼主意，而那些鬼主意通常被大人批評為「不切實際」。你有否遇過身邊的中學生興致勃勃地跟你分享他們於運動、藝術、拍片、寫評論、打機的發現或成就？當刻，你有沒有在心裏說「又不見你讀書這麼勤力？」很多時候，我們會在他們實現理想之前，就把他們的理想撲滅。「甚麼YouTuber、KOL、電競選手，甚至運動家、藝術家，這些工作能賺錢嗎？」這句話可算是華人社會中父母最常對子女說的。

1950年代，大概沒有人相信登陸月球是可行的，但在1960、70年代就有太空人登陸月球；十多年前，我們又怎能想像到，今天的KOL和YouTuber等網絡紅人在家拍短片，便有月入六位數字的收入。不過直到今天，仍有不少家長會為子女玩網絡遊戲而感到頭痛，而電競早於2003年已被中國國家體育總局列為正式體育運動項目，中國更在2016年開始在多個地區設立與電競有關的課程，現在香港亦有電競文憑及電競學院。其實世界不停轉變，科技日新月異，職業世界亦瞬間變化萬千，新職業不斷湧現，同時意味著對新知識及新技能的需求大增。然而成年人有沒有嘗試開闊自己的眼界，了解及認識年青人所接觸的新事物呢？

與其限制年青人天馬行空的想法，倒不如與他們同行，一起探索未來世界的趨勢。正如上文提及，中學生不容易想像未來的世界，他們亦未必懂得搜集資料和分析社會發展的趨勢；相較阻止他們「發夢」，更值得我們去幫助他們了解實況，並鼓勵他們裝備自

己以迎接未來。

　　若中學生想要成為 YouTuber，我們可以鼓勵他們為這目標裝備自己，如提升拍攝能力、剪片技巧、創作力，以及了解社會時事等軟硬技能，只要他們為此努力過，最後即使未能以此成為職業，亦累積了豐富經驗，也建立眾多能力，所學到的技能亦可不斷發展。所以，即使他們的鴻圖大計看似不可能實現，也要與他們一同嘗試，從中引導他們了解現況及分析未來趨勢，推動他們的多元發展，這樣便不會影響大家的關係，更可以促進他們發展各方面的才能。

六、目標不停轉變，難成大器乎？

　　在資訊爆炸的時代，我們每天都會在網絡世界裏遇上新事物和新資訊，瞬間就接收到海量的資訊。而中學生對世界充滿好奇心，特別喜歡新鮮未知的事物，在好奇心驅使下，他們不斷接受新挑戰，興趣亦迅速轉變。有人會形容他們做事或想法只有「三分鐘熱度」，或覺得他們「未定性」，不過這些急速轉變背後代表甚麼？其實，中學生處於自我探索階段，他們的興趣、想法、目標等也自然不停地改變。今日的志願是要當老師，明天又想當高級售貨員，過了一星期又對心理學感興趣，驟聽下去，他們的態度似乎就是「三分鐘熱度」，但這本來就是他們這階段的特性。

　　針對生涯規劃發展，日本有一個名為「IKIGAI（生き甲斐）」的概念，Iki 的意思是「生活」，而 Gai 是「有價值」的意思，整個詞語合起來，大致是「活出有意義的生活」，這與「生活世界設計」的理念非常吻合。不少人把「IKIGAI」解釋為找到生活的價值或目標（the reason for living）（García & Miralles, 2017）。然而，許多人花盡一生仍在尋找中，於是不停轉職、轉行及移民等，只為了尋找

人生意義和滿足內在需要。

中學生人生經驗較少，又處於探索階段，他們要花更多時間去嘗試和體驗，才能了解自己。因此，在探索歷程中沒有所謂走錯路，只是嘗試不同的路徑、經歷不同的體驗而已。如果我們抱持開放的態度，便可與中學生一起去探討，了解他們每個選擇背後的想法、所重視的價值觀和內在需要，即使最終又再改變了方向，我們也能在過程中慢慢發現，每個學生都有其獨特的價值觀和特質；與此同時，幫他們了解自己的需要，為他們度身訂造合適的探索工具和學習方法，擴闊他們的眼界，引導他們尋覓專屬自己的前路，滿足內在需要。

總結

根據以上的經驗，我們發現生涯規劃服務的成效有限，而各方人士（學生、社工、師長等）亦面對相當大的困難。首先，生涯規劃活動未能以學生為中心，只是透過「配對」（matching）的法則，來協助學生計劃並成就人生各個階段所要擔當的位置，並將成年人對人生規劃的想法強加在學生身上，未能設身處地從學生的位置去構想。

雖然這計劃的構思看似完備，而且以實踐為本，但對於不少學生和年青人來說，「未來」的概念仍然相當遙遠；由於自我效能感偏低，導致他們無從獲得規劃未來的意識，對大多有關未來的計劃，均感到興趣索然，或無助無力，遑論有系統的生涯規劃。

另外，精英制教育令師生都專注於學業成績，但學生學習能力各異，一些學生在校內成績未達理想，又或欠缺社會所重視的技能，他們便容易失去對未來的想像，於是迷失方向，欠缺規劃人生

的動機，而學科之外的知識更不受重視。對社工同工來說，即使他們認為有關活動的概念妥善，亦感到服務有一定限制，難以落實，對下一步該做甚麼感到困惑。校方更受制於生涯規劃的框架，對學生的期望局限於學業成就與進修路徑，而校方所提倡的「多元出路」，其實是由學制的範式所規定；換言之，除了探索升學及進修機會以外，並沒有其他指引，以鼓勵學生循其他路徑來實踐自我。由此可見，大家在探索生涯規劃時，皆受限於狹隘的視野，只會聚焦於職業選擇。生涯規劃的窘境，在於學生和師長雙方都處於一個難以突破的胡同，對於下一步的方向感到困惑。年青人即使滿腔熱誠，面對未來的不確定性，只感到消極無助，或者徒勞無功，缺乏動力前行。

協助年青人達到人生的生活好境（wellbeing）乃是生涯規劃的終極目標，但就著現況來評估，可謂有所違背，導致生涯規劃的意念在年青人眼中吃力不討好，社工、老師又覺得寸步難行。

總括來說，生涯規劃的實踐之所以處處受限，大致可分為兩大因素，分別是師長的期望和社會氛圍導致年青人充滿無力感；其二，現今的生涯規劃路徑圖對於思想「未來」，存在概念漏洞，未能對應急速轉變的社會，以致各方無力前行。本書第三章就對這兩個議題進行深入探討，並提出對應之策。

參考文獻

García, H., & Miralles, F. (2017). *Ikigai: The Japanese secret to a long and happy life.* London: Hutchinson.

Howe, N., & Strauss, W. (2000). *Millennials rising.* New York: Vintage Books.

3 走入「生活世界設計」

曾家達、游達裕

由「生涯規劃」開始說起

　　自 2014 年開始，香港政府增加撥款，成立生涯規劃研究和籌劃小組，注資給學校從教育渠道去幫助學生，希望在「培養學生認識自我、個人規劃、設立目標和反思的能力，以及認識銜接各升學就業途徑方面，扮演一個重要角色」。[1] 生涯規劃的理念是協助學生在實踐的過程中，結合學生的興趣與人生追求，幫助他們完成目標，以達到生活好境（wellbeing）。這項倡導計劃的核心方向，不但鼓勵學生以個人的興趣和熱誠去追尋夢想，還提供實踐機會。然而，籌劃小組已成立數年，並曾在多間學校試驗生涯規劃項目，成效卻未如理想。多數學生認為生涯規劃項目與個人的生涯未能有效地接軌，距離「實踐自我」的目標甚遠。[2]

---

[1]　教育局網頁：生涯規劃資訊網站 - 教育局 - 何謂生涯規劃？（edb.gov.hk）

[2]　https://www.thenewslens.com/article/19184

夢想破滅：「上一代思維」充斥的社會與 青少年的無力感

在香港，「生活艱難」已經不是新鮮事；工時長、活動空間少、壓力大更是大家耳熟能詳。年青人作為「未來的社會棟樑」，卻處處缺乏發展所長、實踐夢想的空間。社會充滿標籤的風氣，不斷打擊年青人上進的動力，以學業成就作為指標就是其中一例，從而論斷青年是否「成功」。[3] 不論傳媒、社交平台、網上論壇、茶餘飯後等圍繞的話題，總離不開把青少年劃分為「大學生」與「非大學生」，其中能升讀大學的學生，又再標籤為「三大生」（即港大、中大、科大）與「非三大生」。修讀的學科也分為「神科」（醫學系、法律系、環球經濟系）與「非神科」。細分下去，令社會大眾認為貼上「三大神科大學生」這個標籤，簡直是踏上了直通成功階梯的尖子，至於貼上「非三大」、「非神科」標籤的大學生和沒有大學學位的青年，便因為沒有同樣優厚的條件而與成功之路絕緣。在這樣的社會風氣下，不少勇於追求理想、敢於實踐抱負的年青人便遭富有經驗的社會人士貶為不學無術、對社會無所貢獻的「廢青」。

上一代思維充斥社會，導致年青人無力想像將來。香港年青人現在所面對的現實及政治環境，主要是新移民人口大幅增長、本土文化急速消逝，以及社會的資源和權力分配不均，絕大部份操控於成年人手上。在重要的政治決策上，成年人更沒有照顧到下一代的觀點和需要，導致年青人感覺被社會上有權勢的成年人「出賣」，這些大環境因素打擊他們的士氣，令他們無力追尋夢想。[4]

3　https://www.hkupop.hku.hk/chinese/report/hkjc_2016/resources/pr.pdf
4　同上。

　　自香港實施普及教育以來，青少年學子本應受惠於十五年免費教育，但社會的主流價值觀植根於市民大眾之中，莘莘學子被教導去接受直通成功之路：標杆就在前方，要勇往前奔，直達大學之門；就像跨欄比賽一樣，越過幼稚園、中小學，最終跨過中學文憑試，只要考入大學，就能平步青雲，扶搖直上，擁抱成功的未來。對未進入社會的年青學子來說，父母師長就成為他們接觸社會現實的一道重要橋樑，指導著他們將來的發展方向。因此，家長、教師和社工等不單要應認清「學業」與「成功生涯」之間的關係乃是虛構的，更要拆卸這條深入民心但卻虛幻的晉升階梯。[5]

　　上一代的迷思在社會裏廣泛流傳，深深植根於家長和老師對青少年的期望之中。年青人被社會標籤，對自我價值產生懷疑，「未來」卻被操控於成年人手上，其中一個例子就是上述的「讀好書就會帶來成功／快樂生活」思想。退一步想，根據如此的生活範本，社會上那些年青時努力讀書、考入大學，最後有了成功事業的中年人，他們理應擁有十分快樂滿足的生活；可是，這些中年「成功人士」仍然有著許多愁煩，而不快樂的「成功人士」卻隨處可見。由此可知，「讀好書就會帶來快樂生活」的論述，不過是一個廣泛流傳卻沒有實質根據的迷思。

　　成年人有一定的社會經驗，但亦很容易會墮入相信「自己的經驗就是對的」這圈套裏，認為下一代只要跟隨相同的舊路前進，必無閃失。可是，要能夠有效地指引青少年，導師就應與時並進，與青少年一起邁向未知的未來，不能夠單靠自己的經驗，指引青少年依著舊路走。要與年青人同行，家長、教師和社工便應抱持開放的態度，接受新思維，而且不強加自己的觀念於下一代身上，並認清

5　同上。

社會的發展趨勢已經與往昔有別。

因此，即使生涯規劃的配套完備，目標明確，旨在協助學生發掘自我，創立未來，邁向好境，這些思維恐怕仍未能幫助年青人面對未來的挑戰。要有效地策劃生涯規劃，老師、家長和年青人都要突破現今生涯規劃的窘境，特別是要打破這項規劃背後的舊有思維。

年青人面對未來時往往感到無從入手，束手無策，知行易徑的切入點就是協助他們去獲得一項想像未來的工具配套，並以「生活世界設計」（Life-world Design）為介入藍本，去改善生涯規劃的基本概念漏洞。首先，知行易徑提倡因應性思維，又稱為「多項應變思維」（multiple contingencies thinking），[6] 目的是對生命中可能出現的變化保持警醒，以拓闊未來的可行性，套用於生涯規劃的概念中，同時重新檢視「規劃」的思考模式。而知行易徑提出「生活世界設計」的概念，就是以「設計」取代「規劃」的構思。

多項應變思維：以「設計」取代「規劃」去面對未來

在香港，雖然生涯規劃融入校本教育是嶄新的計劃，但它在外國卻有著悠久的歷史。不少學者根據過去不同國家的案例，已整理出生涯規劃背後的思想體系，並梳理出各自的成效，而其中「個人與環境配對論」、「生涯發展論」、「認知實踐理論」和「社會現實理論」等尤為顯著，它們都是現今生涯規劃的主要策略基調。這些

6　A. Ka Tat Tsang, *Learning to Change Lives: The Strategies and Skills Learning and Development Approach* (Canada: University of Toronto Press, 2013).

理論都強調學生需要認識自己的性格取向及興趣，探索激發「自我效能感」的成因，再配合社會上相對的學科或工種，就能有效地規劃人生的路線圖。

首先，這些著名理論有助青少年了解自己的興趣和性格取向，幫助他們尋找生命軌跡的下一步。然而，這類理論跟從「理性線性邏輯思維」（concrete linear rational thinking），忽略了未來的變數。知行易徑對這類型的生涯規劃方式有所保留。日常生活中，理性線性邏輯思維往往有跡可尋，尤其見於職業輔導範疇，例子更是順手拈來。如認為對數字敏感而且在數學科有傑出成就的學生，輕易就將他們劃分為「理科生」，鼓勵他們報讀大學的數學系或工程系；而對文字細膩的學生，則鼓勵他們報讀語文系或傳理系。的而且確，對於某方面具備天資或才華、在校成績不俗的學生來說，將興趣配對專業，就能輕易地畫出人生的規劃路線。可是，如上文所提及，這類理性線性邏輯思維忽略了整個體系中最大的要素：變數（contingency）。

在資訊爆炸、科技日新月異的時代，市場景觀瞬息萬變，唯一恆定的恐怕只剩下每日爆炸的變數；要沉著應戰，「以不變應萬變」的策略來迎接未來的挑戰，這絕非上佳對策。現今生涯規劃採用的理性線性邏輯思維，是以借鑒過往去分析未來的動向，使用「配對」（matching）為策略。之所以未能奏效，首先是因為這樣的邏輯設定學歷和教育佔了人生及事業發展的絕大部份；其次，以「配對」為策略，除了假定興趣與專業之間有一定關聯性，亦同時假設興趣和能力會在餘生保持不變，市場形勢亦同樣恆久不變。

回首 2010 年代，大部份職業的形勢已有所轉變，馬上可發現上述的假設大有問題，而且正正是現有生涯規劃的概念漏洞。試以廣告業為例，隨著千禧年代的來臨，廣告業也面對巨大的轉型。不

同媒體興起，使廣告製作不再受限於「電視廣告」或「報紙廣告」的界面形式；相比以前只有十五秒長度並於電視機上廣播的主流廣告，新社交媒體已創造出極其成功的廣告媒介，大眾對指尖前方的電腦或電話螢幕毫不陌生，而以前十五秒短片的電視廣告亦早已消逝，取而代之的是十分鐘扣人心弦劇情的微電影。細看這些業內的轉變，廣告從業員必須敏銳地掌握業內形勢的急劇轉變，迅速地作出回應——這就是生涯規劃需要重新規劃的概念。

當「借古鑑今」的思維應用到生涯規劃上，不但忽視了未來世界的潛在爆炸力，也阻礙了年青人敢於開創未來的行動力。在以「職業配對」為主導模式下，年青人只能夠接受市場上的「既定事實」，在職場中尋找自己的位置，視自己為大局的一顆棋子，任由「現實」支配，無力改變大局。這樣的模式將充滿潛力的年青人放於被動位置，剝奪了他們的自主性，無法去想像如何掌管自己的生活和創建未來的社會。

突破生涯規劃的死胡同：設計個人化的生活世界

要設計個人化的生活世界，便需協助年青人得到「美好生活」，而知行易徑承認「美好生活」具備一定的物質條件，例如居住空間和消費能力等。雖然金錢和物質條件重要，亦是生活的必須，但並不足以令人得到整全完備的美好生活。在這些基本的物質條件之外，個人滿足感也十分重要，不可忽略。而年青人對「個人滿足感」的定義都不盡相同，大家有一定的差異。在知行易徑「生活世界設計」的語境內，這種個人滿足感都是自我界定的，而且被廣泛地定義為一種自主的行為，讓年青人「做到自己想做的事」。

　　知行易徑的「需境特量」評估，便是根據每個年青人的需要（Needs）、處境（Circumstances）、特性（Characteristics）和力量（Capacity）來建立目標，旨在為年青人充權，協助他們從無助無力到能夠掌握未來，這是能夠想像和掌控未來的一種能力。在資訊爆炸的世代中，一方面資訊充斥氾濫，另一方面年青人吸收資訊的能力比其他人更強大、更迅速。未來的趨勢難以完全掌握，這就是「多項應變思維」介入的關鍵時刻。知行易徑提倡以「生活世界設計」代替刻板的生涯規劃：因為墨守成規地以古鑑今、推測未來，從而規劃人生的進路是不可行的；我們以「多項應變思維」為中心思想，勇敢地面對未來的變數，協助青少年迎接未來三方面的挑戰：第一，敏銳地吸收有關未來的資訊；第二，根據「需境特量」（N3Cs）來過濾氾濫的訊息；最後，應付及管理人生的過渡期。

知行易徑：評估「需境特量」，再思職業輔導的未來

　　現時，社工和教師設計的生涯規劃框架，都以協助年青人找尋生命方向為主題，項目受眾都是年青人。知行易徑所倡導的「生活世界設計」則提議，先由現職的社工、教師及家長接受「生活世界設計」的培訓，然後三方合作，為青少年提供「生活世界設計」的指導。

　　知行易徑包含整全的系統，不單能有效地指導年青人，還可讓教師和社工用作自我評估。根據「需境特量」來評估和篩選有用的資訊，讓同工一起學習策略與技巧，而在學習過程中強調處境的多樣性。因此，知行易徑有助社工和教師設計未來的框架，並回應年青人的需要去策劃人生的方向。

綜觀全球環境，二十一世紀是一個訊息超載的年代，這現象大概不必大費周章去解釋：五官的感覺是資訊往來的渠道，除了傳統的眼見、耳聞，現在接觸全世界的門戶，就方便得只在掌心中、指尖上。視窗與程式的瞬間轉換，讓我們能同時間在螢幕上接收來自《經濟學人》(*The Economist*)、《福布斯》(*The Forbes*)、《蘋果日報》、《文匯報》、Facebook、Instagram、WhatsApp、微信的資訊，還有四通八達的內容農場。資訊氾濫，造成訊息超載，令人無所適從，更遑論能夠花上時間來辨認真偽。有見及此，處理資訊能力水平（information proficiency）是面對未來的一項有用工具。網絡上資訊繁多而片面，真偽難辨，我們需建立一定的處理資訊能力，以有效地獲取有用而全面的訊息，並且機靈明智地識別資訊的真偽。

家長工作方面，來自不同背景的家長可組成互助小組，一起探索未來的大趨勢，例如每個家長可先各自查找有關「學業成績是通往成功之路」論述的根據，或不同議題的資訊，如「年青人事業發展與晉升的主要因素」、「現今大企業的招聘趨勢」等，然後大家匯報、討論。接著，同工將這些小組匯聚一起，在大會上向其他家長分享研習所得。分享大會的目的，是要綜合來自多方面的訊息，讓參與互助小組的家長能洞悉同一議題下資訊的多樣性。

策劃家長小組和大會活動時，成員可能來自不同的教育程度和背景。社工應確保每名成員都有尋找資訊的能力，不會因為學歷低而影響參與，或認為自己沒有能力獲得相關的資訊。社工還應強調小組成員可以分工合作，而且要確保資訊的傳遞簡單易明。組員一起找出對事件的不同觀點，能有效地收集民間智慧與專業觀點，讓成員得知同一議題的多個面向。接著，根據自己的「需境特量」來過濾這些訊息。每個人的學習過程不同，都有自己吸收資訊的方法和特點，因此「生活世界設計」強調成員需具備思考的靈活

性（cognitive flexibility）。大家於海量的資訊中浮沉，難以對所有事情都具備全面的看法和深入的了解，必須懂得有效地選擇相關的資訊，使這些資訊在生命中發揮最大的效用。成員亦須根據個人的專長去處理訊息，例如總不能叫對數字不敏感的成員去分析數字和圖表。面對弱項，可鼓勵成員於支援網絡中尋求幫助。每個人都需找出自己的座標，在與自己密切的領域上找出最相關的資訊。事實上，由成員主導尋找和過濾訊息的目的，是鼓勵他們接受未來充滿不確定性，以及前路是模糊不清的。同工應協助成員理解舊有生涯規劃框架內所強調的必然性，只不過是幻象；至於系統性的計劃，能夠增加事情成功的機率。

最後，訓練年青人面對人生過渡期的應對能力，學習管理這期間生活的轉變。人生路上會面對眾多的轉捩點：例如由獨生子女成為兄姊、由小學升上中學、由初中升上高中，到外地移民或升學、結婚組織新家庭、成為父母⋯⋯人生不同階段有著不同的需要和發展；然而在這些變遷中，改變大多是處境（circumstances）而非環境（environment）的層面，這就是「過渡期」的意思。家長、老師和社工指導年青人的方法，是協助他們去應對人生過渡期，使他們不會感到無所適從，並且更有信心去創建理想的生活。

要有效地面對人生過渡期，首先是獲悉變化的存在：處境的改變往往是突如其來的，而主觀經驗亦同樣有變，這些轉變直接影響生活，有時未必能滿足需要。在「生活世界設計」的概念框架內，人不停地過渡，即使職業或職位穩定，公司營運環境也不斷改變、或政府的相關政策也會有變，令自身的處境出現變化。因此，大大小小的人生過渡期是不斷出現的。而父母、社工和教師應致力培養年青人對這些轉變保持警覺，同時鼓勵他們表達心聲，以及協助他們找尋未被滿足的需要。

　　將上述的處境改變放進「生活世界設計」的框架內，我們就必須接受人生充滿變遷。與其設計一套固定不變的計劃去迎接未來，不如致力訓練年青人面對改變的能力。試想像這樣的情境：踏進旅行社，迎面而來有許多單張和小冊子，上面印著「最受歡迎旅行團」、「最超值旅行團」之類的標語，原來旅行社早已為客人準備好「超值」、「抵玩」的行程，五日四夜的旅程可飽覽旅遊勝地二十個景點。對一般消費者來説，工作已經十分勞累繁忙，計劃一趟「自由行」的行程實在格外勞心、耗費精力：景點、交通、住處、參觀的次序等，一一要自己來包辦。以「超值」的價錢來換取早已設置好的散心旅程，只要定時定刻按著旅行社領隊的呼喚，拿著行李跳上旅遊車，被安排到不同的景點，如此旅程實在輕省自如。

　　事實上，現實生活中這類推銷手法隨處可見。在方便輕省的背後，埋藏著一種刻板的思維模式，使人懶於思考真正的需要，只會使用既有的模式去過生活。如此一來，不但加深社會上的羊群心理，令人懼怕做出冒險的行為，或一些需要額外解釋的行徑，還恐怕會引來大眾的誤解或奇異目光。資訊科技年代下，「大眾」的定義比傳統所理解的「社會大眾」意義更廣，而且更難界定。某些現象偶然冒起，很容易便成為大眾不知就裏和盲目追求的風潮。「人生如旅行」這個比喻，雖然看似陳腔濫調，但人生確實好像一趟充滿冒險的自由行，走到不同的落腳點，再根據當地的氣候風景、自己的行裝和口袋裏的旅費，安排下一個落腳點時，才隨即購票出發。

結語

　　其實，以「生活世界設計」取代生涯規劃的構思，涉及範式的轉移，兩者有幾方面重大的不同：

1. 傳統的生涯規劃是以進修、進入理想職場為規劃路線，並以追求事業成功為最終的人生目標。「生活世界設計」挑戰這種主流論述，反對把「成功」的價值觀強加在年青人身上，而所謂的「美好人生」、「成功目標」應由年青人自己去界定，並需尊重他們所作的選擇；人生更應以滿足需要、發揮各方面潛能為重要考慮。

2. 生涯規劃主要是裝備青少年各種技能去適應將來的生活，卻沒有視青少年為改變的主體。其實，青少年可為世界帶來改變，創造更美好的圖像。基於這個視野，「生活世界設計」鼓勵年青人向夢想進發，發展各方面的才能，敢於冒險，並參與改良世界，貢獻社會。

3. 生涯規劃是以理性線性邏輯思維去規劃未來，「生活世界設計」則是以多項應變思維去對應未來的改變。世界不斷在變，每個人也要好好去適應改變，尤其幫助年青人掌握這些變項，他們才能夠更靈活、更有彈性地邁向理想的生活。

4 「生活世界設計」諮詢服務：擴闊年青人對未來的想像

游達裕、楊浩麟

引言

　　現今推行的生涯規劃，主要是為中學生或年青人計劃未來，以進修和進入職場為主，往往忽略年青人的需要，更談不上追尋夢想，或留意千變萬化的社會發展。年青人當然要為將來的生活籌謀，但不應將職涯生活變成人生的焦點，尤其未來的職業種類將會出現很大轉變，生活安排也有各種的可能性。

　　本文勾劃如何陪伴年青人走過人生的關鍵時刻，從自我探索，到掌握未來趨勢，同時幫助他們擴闊想像的空間，追尋夢想，並配合個人的狀況和將來發展趨勢以籌劃未來的生活；此外，本文會討論如何協助他們有策略地逐步實踐夢想，向理想進發，以及建立應對困難的能力，更希望他們在未來人生不同的轉折點裏，亦能夠順利過渡。

　　這是專為對前途感到迷茫的年青人而設計的諮詢服務。諮詢過程分為六個階段：導入「生活世界設計」、自我探索、擴展目標、掌握趨勢、籌劃行動，以及應付未來的挑戰。（附件一）

導入「生活世界設計」

這是第一階段，能有系統地協助年青人進入諮詢過程。首先，派發諮詢服務單張給年青人，單張的內容主要勾劃服務的過程和目標，讓他們知道從這服務裏可以得到甚麼幫助。

我們針對中學生、大專生和其他年青人的特性，設計了六節的諮詢服務，每節大約 30 至 45 分鐘，當然實踐時可以按諮詢的進度而調節，彈性很大。第一次見面時，社工會進一步介紹諮詢服務的流程，釐清年青人目前所關注的事項，並向年青人展示六節的重點，讓他們有足夠的心理準備，知道諮詢的過程，這些都有助年青人投入到服務裏。當年青人了解諮詢進程後，會對諮詢服務更加掌握，有較清晰的方向，同時減低焦慮，不會因承受抉擇的壓力而急於做決定，有更大空間按「生活世界設計」的框架去探索。

自我探索

在隨後的諮詢裏，社工會幫助年青人按「需境特量」（需要、處境、特性和力量）的領域進行自我探索。以下是探索時的一些建議，社工可按實際情況有所增減。

了解自己的需要是非常重要的第一步。年青人對前途感到困惑而找社工傾談，不一定是遇到很嚴重的問題，但心裏對前路總是有點憂累，或感到不確定性，在一些重要抉擇上希望尋求指引，對自己有了深入的認識，才能做出適當的決定。實際上，釐清年青人的需要有許多途徑，這裏介紹幾個常用的策略。

面對抉擇時，年青人可能會猶豫不決，而從他們的關注裏，總可找到他們的部份需要。例如一位年青人希望到澳洲升學進修獸

醫，擔心未能適應當地學制，又憂慮文化差異而難以適應、沒有朋友同學可給予支援等，而他學習獸醫的原因，或獸醫這學科／職業對他有何吸引之處、他期望畢業後當上獸醫的生活等，都可能與他的需要有關；另一方面，他希望有信心能完成學業，也屬於建立自我效能感的需要。

此外，社工可與年青人一起探索他們的夢想，無論多麼天馬行空、不切實際，都是有助發掘個人需要的好途徑。例如，一位年青人提及一份「絕世筍工」，就是到澳洲一個世外桃源的小島裏生活，當上這小島的旅遊大使。如果跟他談下去，了解這份工對他有何吸引之處，他或會談到自己嚮往怎樣的生活，可藉此了解他的需要。其實，年青人對未來充滿千奇百怪的想法，只是很多時被成年人關注的「現實」所摧毀，只要給他們多點空間去表達，仔細描述這些夢想，便可了解他們的需要。年青人掌握自己的需要之後，便可慢慢擴展成不同的目標。再舉一個例子，一位女孩知道基層小朋友的學習困難後，便想組織一班年紀相若的年青人當網上小老師，製作小教室短片，去幫助基層小朋友學習。姑勿論這個想法是否可行或有多困難，只要與女孩談下去，就可從網上助人行為去發掘她的需要。

與年青人談他們的興趣、喜好，是發掘個人需要的第三個有用途徑。大部份人會在興趣、喜好中滿足種種不同的需要，尤其很投入這些活動，或曾付出很大的努力，這些興趣或喜好對個人來說會有特別的意義，也滿足一些重大的需要。

第四個發掘需要的方法，就是與年青人談他們恐懼或逃避的事，這跟他們的需要、處境和特性有很大關連。例如一位新移民學生很怕參加校內的活動，特別是跟陌生人接觸時會感到焦慮，害怕其他人嘲笑他的口音，甚或歧視他新移民的身份，因此可能有被接

納、被認同的需要。

發掘年青人需要的過程中，有幾點要注意。第一，社工不是以專家的角色去評估年青人的需要，而是一起尋覓，即使社工對他的需要有些頭緒，也不要急於下判斷，應提出來一起討論，從中探索，最後由他本人確認這些需要。此外，當年青人察覺自己的需要時，社工可默默記下，在適當時候列出，然後按重要性製作需要圖譜，當他看到這圖譜，便會對自己有更深刻的認識。

特性包括性格、學習風格、喜好甚麼、喜歡跟甚麼人相處等；力量是指年青人擅長的技能，或他有甚麼專長等。幫助年青人了解自己的特性和力量，是一個頗漫長的過程。諮詢過程裏，第一步可從其他人眼中怎樣看自己，例如年青人可詢問身邊的朋友，了解他們對自己的印象，欣賞自己甚麼地方，然後以此跟自己的認識作比較，藉此加深自我了解。如果能夠問及不同類別的朋友，例如彼此已認識有好幾年的和初相識的朋友，在不同朋友的回應裏，就能夠從多個角度去認識自己各方面的特性和力量。有些社工會用性格測驗去幫助年青人認識自己，這些都有一定的用處，但社工要熟悉如何使用這些性格測驗，或知道有適當的資格才可使用。此外，與年青人一起回顧他們的成長經驗、過往曾發生過甚麼重大事件、對他們造成甚麼影響，或怎樣影響他們性格的形成，這有助他們認識自己的性格和力量，當然這探索過程是需要在信任的關係下進行。最後，幫助年青人了解自己正在甚麼處境當中，如家庭狀況、學校環境和朋輩關係等。

案例闡釋一：澄清需要

社工：你提到很喜歡打機，每日打機都要花上差不多三、四個小時。那麼你打甚麼 game ？

樂庭：LOL。

社工：LOL？是怎樣玩的？

樂庭：要揀英（*），然後跟人對打，攻城那種。

社工：LOL 有甚麼地方吸引你呀？

樂庭：吓……不知道呀，只是好玩，又有一班朋友一起玩，有講有笑吧。

社工：除了跟一大班朋友有講有笑，大家一起玩，你還喜歡這個 game 的甚麼呢？

樂庭：同朋友一齊玩啦，又可以跟不同的人對打，更可以打排（*），因為很有挑戰性，很刺激。

社工：很有挑戰性喎，你去打排，是否想贏比賽？

樂庭：當然啦，跟高手過招，越打越高 level，可以升排，這樣才有挑戰性。

社工：可以升排，是否重要呢？

樂庭：當然重要，打機的都想爭排名，排名越高越好。

社工：你有想過自己可以去到第幾名嗎？

樂庭：不一定要排第一，這是非常困難的，但我想入到頭一百名。

社工：如果入到一百名，那代表甚麼？

樂庭：代表我夠勁囉！勁過好多人。

社工：還有呢？

樂庭：覺得好威！朋友會羨慕我，覺得我打機勁，甚至會問我打機的意見。

社工：如果入到頭一百名，你就會覺得自己好勁、好威，也受朋友羨慕。

樂庭：是呀。

社工：……

從以上對話，可初步了解樂庭有以下的需要：刺激、連繫朋友、受重視和自尊感等。

案例闡釋二：了解處境、特性和力量

社工：樂庭，你真的很喜歡打機呢。

樂庭：我是家裏的獨子，又不喜歡四處逛，經常一個人在家很悶，所以喜歡在家裏打機。

社工：你上次提過，打機要打排才好玩，因為夠刺激，有挑戰性。那麼，打排跟其他打機比較，你覺得有無甚麼不同？

樂庭：打排的時候，我會較認真去打，特別小心在意，不會那麼容易送頭 (*)，盡自己力去圍 P (*)，不可以雷 (*)。總之，雷了就會被朋友笑。平日打機的時候，我就輕鬆得多，只是當練新英 (*)，那麼贏輸都沒有那麼重要。

社工：聽你這樣說，打排真的不容易，有這麼多考慮，也要有策略，更要不斷練習！

樂庭：是的！我要知道用甚麼英，加上自己團隊的人要先合得來。買裝 (*) 也要看對面 (*) 用甚麼英才去可決定。

社工：嘩，那真是要分析很多東西呢！

樂庭：是的。

社工：那麼，你打機到了今日的 level，是不是因為你有很高的分析能力？

樂庭：都是的，有些玩家根本就不知道怎樣打，隨隨便便去揀英，又買不到適合的裝備，真是雷到爆！

社工：看來你的分析能力很不錯呢，你之前提到，打排不可

以那麼容易送頭，也不可以雷，為甚麼你有這樣的想法呢？

樂庭：大家一起打排，如果自己雷了，害到隊友跌排就不好，除非不打排，打街場玩玩就算，去打排就一定要認真打。

社工：有甚麼人教你有這個想法？

樂庭：沒有人教的，如果我揀去打排，就要盡力去打，這是應該的。

社工：所以你覺得自己揀去打排，就要盡力做好它。

樂庭：是呀，當然要這樣。

社工：你好重視自己揀的事情，願意承擔責任。

樂庭：當然，做人一定要負責任的。

社工：那麼你覺得自己是否一個負責任的人？

樂庭：都算吧，起碼打排我就一定會盡力。

社工：……

從以上對話，社工得知樂庭是一個獨子，經常一個人打機解悶，而且覺得跟其他朋友一起打排很有挑戰性，亦從中學到不少有用的策略。此外，樂庭更認為只要是自己選擇的事情，就應盡力而為，好像打排那樣，會認真迎戰，更不想連累隊友，否則會給朋友取笑。

(*) 潮語註釋

打排	遊戲中有分不同層級的排名榜，打排就代表參與排名賽。
送頭	輕易地被對手打敗，讓對手獲得經驗值及加快升級時間。

團 P	與團隊合作與對手戰鬥
雷	在網上遊戲裏，帶來麻煩 / 失敗，或令人惱怒 / 煩惱的事
揀英 / 練新英	選擇適合的英雄角色 / 練習新英雄角色操作
買裝	遊戲中為角色購置裝備，包括武器、防護裝備等
對面	在對戰遊戲裏，大家各佔一方，對面一般是指另一方的競爭對手

擴展目標

幫助年青人了解自己的「需境特量」之後，社工便可據此與他們一起構思未來，釐清怎樣的生活可滿足需要。

構思將來理想生活的時候，年青人可能會覺得太過寬闊，無邊無際，不知如何入手，社工可先訂下簡單的框架，讓他們有系統地進行探索，例如這理想生活會在多少年後實踐出來，帶領他們回到現實中去思考。社工亦可向他們作出提示，未來的生活圈子不一定是在香港，讓他們踏出舒適區，明白到在其他地方亦可建立理想的生活。

開始時，年青人可能只想到一兩個目標，社工不妨根據對他們的認識而提出一些建議，經過反覆討論，擴展不同目標，再讓年青人去修訂，然後鼓勵他們深入探索其中一兩個目標。例如一位年青人希望當獸醫，因為他想照顧小動物，感到與小動物相處時很親切；了解自己的特性之後，那麼當動物義工也可滿足他的需要，於是成為另一個可能的目標。

再舉另一個例子，允曦是一位 27 歲的年青人，大學畢業後投身資訊科技行業，收入雖然不錯，卻發現工作沉悶，滿足感很低，

正考慮轉換其他行業。允曦表示很喜歡足球（特性），曾想過當足球教練，因為教授青少年足球技術會有很大滿足感；當進一步探索下，他發現當足球教練，是要先投入好幾年的時間接受訓練，甚至要犧牲現在的工作，但他要照顧臨近退休的父母，需維持穩定的收入（處境），於是打消這個念頭。原來允曦自小學開始已是曼聯擁躉，多年來與一個中學同學一起追看曼聯球賽，賽後經常分析賽事的戰術運用、球員表現得失等，一直維持至今。他們對曼聯多年來的發展更是如數家珍，最終允曦定下四年計劃，與這個中學同學成立曼聯賽事頻道，分析曼聯比賽，並且一起寫博客，希望可凝聚一班曼聯粉絲，這可滿足他身份認同、追求卓越的需要。為了朝向這個目標，他們將進一步研究足球戰術的運用，學習如何成立頻道、編輯足球比賽片段，以及提升語文和說話的表達能力等。

案例闡釋三：訂立及擴展目標

　　中六畢業的家輝，夢想成為臨床心理學家，考慮過修讀心理學學士課程，但文憑試成績未如理想，沒有達到相關課程聯招的要求，感到失落和迷茫，於是尋找社工傾談。

　　社工：你想成為心理學家，希望幫到有需要的人，自己便有很
　　　　　大的滿足感。那麼，你指有需要的人是甚麼人？

　　家輝：遇上人生問題的人、有煩惱的人、生活不愉快的人等
　　　　　等，他們可能跟家人吵架，或者對前路迷茫。

　　社工：你想怎樣幫他們？

　　家輝：跟他們聊天、輔導他們、解開他們的心結。

　　社工：所以你想幫這些人，輔導他們解開心結。那你認為除了
　　　　　心理學家能夠幫到他們，還有甚麼其他途徑可以幫到有
　　　　　需要的人？

家輝：當社工可以嗎？

社工：社工的部份工作是做輔導的，還有沒有其他呢？

家輝：輔導員吧。

社工：還有其他嗎？不是職業也可以的。

家輝：義工？

社工：唔，義工當然可以幫人，那麼你何時發現自己喜歡幫助別人的？

家輝：都是近幾年的事，那時候身邊的朋友經常找我傾訴煩惱，慢慢便發現原來自己都喜歡幫人解開心結，也有這個能力，所以很有滿足感。

社工：所以你一直都有幫助身邊朋友？

家輝：對啊！這都算是義工的一種嗎？

社工：都算吧。

家輝：義工都可幫到人，反正能夠幫人就可以了。

社工：你剛剛提到，心理學家、社工、輔導員、義工，甚至與朋友傾訴都可以幫到人，自己又有滿足感，對嗎？

家輝：對啊！我開解朋友之後，感到特別開心。

社工：你原先想修讀心理學課程，都是希望能夠成為臨床心理學家，日後可以聽人傾訴，幫他們解開心結，你認為還有甚麼途徑可以實現這個理想？

家輝：或許我可嘗試報讀社工或輔導的課程吧，如果合資格，學士或副學士也可考慮。

輔導過程中，家輝發現入讀心理學學士課程的原因，就是想幫助有需要的人，並且能發揮自己聆聽的能力；然後社工與他一起探索其他可行途徑（報讀社工或輔導課程），於是逐步擴展至其他目標。

63

掌握趨勢

　　大部份的理想生活都是在好幾年後才實踐出來，而世界正在急劇變化中，所以年青人需預估將來世界的變化，從而早作準備。以五、六年後成為獸醫為例，便要估計將來哪些人會飼養寵物，飼養寵物有甚麼目的、滿足甚麼需要？然後從五、六年後的人口結構推算中，分析這群飼養寵物人口的特性。通過資料收集和分析，幫助年青人建立分析社會趨勢的能力。這過程中，年青人學會收集甚麼相關的資料，並要懂得從甚麼途徑去搜尋。假如一位年青人希望喚起社會人士關注地球暖化，就需掌握地球暖化的趨勢、受甚麼重要因素所影響、社會大眾可如何回應等。分析未來趨勢之後，或會發現其他更可行的目標能夠滿足自己的需要，於是再修定目標。

案例闡釋四：分析未來趨勢

　　芷欣是一名中四學生，自小已很喜歡音樂，特別是用結他自彈自唱，更希望將來能從事音樂行業。在諮詢過程中，她發現音樂能夠讓她感到無拘無束、自由自在，並且可表達心裏複雜的感受和想法，若找到志同道合的人，更可以得到認同。所以，她期望能夠找到實踐「音樂夢」的途徑。社工跟芷欣先澄清了她要當網絡歌手，然後便與她探索未來的發展趨勢。

　　社工：以你所知，有甚麼職業是與音樂或歌手有關的？

　　芷欣：歌星、網絡歌手、街頭歌手或幕後代唱歌手。

　　社工：如果選一個你認為自己最有機會做到的，會是哪一個呢？

　　芷欣：我覺得最有信心當網絡歌手。

　　社工：有甚麼原因？

芷欣：因為容易做到，拍片上載到互聯網就可以了。網上又有很多平台，所以我覺得做網絡歌手比較容易。現在的電子音響器材也便宜得多，將來也會越來越方便。

社工：你果然是個音樂人，對音樂界都有相當認識。那你猜網絡歌手是怎樣的呢？

芷欣：嗯……網絡歌手流行很多年了，中國的周深就是網絡歌手出身，唱了差不多十年，現在在中國火紅了，外國也有不少網絡歌手，我想這是跟互聯網的社交平台興起有關吧。

社工：你猜的也對！有些網絡歌手就算沒有紅起來，只要越來越多人認識，有時也會在樓上咖啡廳舉辦很小型的個人演唱會，人數只有二、三十人，感覺很不錯。

芷欣：那種感覺應該很正！

社工：嗯……為甚麼他們不辦較大型的演唱會呢？

芷欣：我猜……場地太貴？沒有人買演唱會的票？

社工：都有可能！場地貴，風險自然很高，你猜這種情況將來會不會改變？

芷欣：我想這情況將來都不會變的，網絡歌手都不會開大型演唱會，因為演唱會的租金真的很貴，尤其在香港這樣的地方，只有紅歌星才可以在紅館裏演唱，我相信大部份的歌手都賺不到錢，更不用說網絡歌手了。

社工：將來網絡歌手的發展會是怎樣的？

芷欣：有可能開演唱會，只要有足夠的粉絲，但他們會用LIVE開演唱會，現在也有不少 YouTuber 開 LIVE，反正不用花錢。

社工：那怎樣才有收入？

芷欣：收費吧！像現在網上課程一樣，還有廣告費！

社工：嗯！在將來的日子，那你估計那些網絡平台會怎樣做？那些喜歡聽歌的年青人又會是怎樣的呢？

芷欣：嗯！我猜那些平台必定會推出許多不同形式的頻道，只要有錢賺，他們一定會支持的，而且許多年青人都不喜歡大型演唱會了，網上的 LIVE 演唱會可能會更合他們的口味。

社工與芷欣繼續探索網絡歌手將會面對怎樣的變化，讓她能夠開發音樂專業以外的能力——探索技能（googling skill）。芷欣能夠更全面考慮到未來的發展趨勢時，就可為自己早作裝備，以應付日後的變化。

籌劃行動

釐清將來的理想生活或目標、估計未來世界的變化之後，年青人便需由現在的處境起步，籌劃如何逐步達到目的地。除了策劃抵達目的地的路徑圖，還要關注以下幾點。

第一，與年青人一起探討達致目標所需的各種技能，鼓勵他們從不同途徑，去培養或掌握這些能力。以利用網上教室幫助基層小朋友學習為例，便需學習如何利用網上教材去吸引小朋友的注意力，從而促進他們的學習，包括演講、製作網上教材等能力，如果要帶領一班人一起發展這個計劃，就需有良好的溝通和領導力。第二，由現在展開的第一步行動計劃，越清晰細緻，年青人便越覺得可行，也越有動力去實踐，所以要按他們現在的能力、狀況和處境，詳細策劃下一步行動計劃。第三，往後的發展往往充滿變化，年青人要有應變的能力，所以社工不妨提出各種可能的變項，然後

與他們一起探討如何克服這些挑戰和困難。

　　建立能力是一項重要的發展策略，特別是一些核心能力，對達成目標很有幫助，如學習能力、貫徹執行計劃、分析發展趨勢、情緒管理、與人溝通、表達自己的想法、與人合作等。

應付未來的挑戰

　　諮詢將要結束時，社工可與年青人回顧這個過程，總結整個探索和籌劃的經驗，包括了解自己的「需境特量」、擴展目標、分析未來趨勢，以及策劃行動計劃。其實，諮詢服務除了幫助年青人設計適合自己的生活世界，懂得逐步去實踐並提升應變能力，還幫助他們建立設計理想生活的能力。只要年青人掌握這個框架，建立籌劃的能力，將來面對人生重大挑戰時，便懂得設計未來的生活世界，滿足自己的需要，不會感到徬徨無助而迷失方向。

結語

　　諮詢過程是根據知行易徑框架而設計出來的，包括了解自己的狀況，主要是需要、處境、特性和力量，以設計未來的理想生活，同時希望突破職場的框架，讓年青人盡量掌握將來社會的變化，從而策劃切實可行的方案，並且提升他們的應變能力，更靈活向理想生活進發。

　　雖然本文提出的框架，主要是針對年青人，但也適合處於不同人生過渡階段的服務使用者，例如與親密伴侶決裂分離、中年危機降臨、籌謀退休生活，以及夫婦晚年相依相伴等，而諮詢服務的過程也要作出相應的修正，我們更希望這諮詢服務將來能推廣至其他服務使用者上。

附件一：六節諮詢服務的焦點

針對諮詢服務，六節的焦點如下：

第一節　　建立關係，導向「生活世界設計」的框架，了解年青人的關注或困惑之處，初步了解他們的校園或日常生活

第二節　　介紹「需境特量」，探索需要

第三節　　探索處境、特性和力量，進一步了解需要

第四節　　總結「需境特量」，製作需要圖譜，擴展目標

第五節　　分析未來趨勢

第六節　　制定行動計劃，總結經驗以迎接未來的挑戰

當然，諮詢內容會因應實際進度而有所調節，有時會因應年青人的情況，增添一至兩節的諮詢。

5 新世代親職的反思

曾家達、李潔露、游達裕

引言

所謂「養兒一百歲，長憂九十九」，家長對於子女的成長及教育，確實要花費長期而巨大的心力。尤其在現代社會，高等教育學歷對於子女日後的就業前景，似乎是關鍵一環。不少家長從子女牙牙學語開始，就認定不能「輸在起跑線」，甚至不惜花費巨額，務求令子女琴棋書畫，樣樣皆精，好像擁有這些技能，就能確保子女將來飛黃騰達。儘管這些家長愛子心切，但他們有否認真就未來的社會發展搜集資料、分析趨勢？他們認為就業市場現時最看重的條件，在將來又會否改變？家長要履行自己的親職責任，為子女提供合適的支援和意見，就不能只看現在，不探索將來。

親職工作須配合社會的發展

隨著社會進入後專業時代（Post-Professional Era）（Tsang, 2013），在就業市場，學歷早就不再佔據從前舉足輕重的位置。專業背景在社會的分界也越見模糊，僱主聘用僱員時，所看重的並不單是申請人有多漂亮的名牌學位，來自哪個專業範疇，還有解決問

題的能力和社交技巧。從務實角度而言，一個學位並不保證申請人能處理工作上遇到的困難，甚至不能確保能準時完成工作。在企業中，能夠按時並在預算成本內完成計劃和任務越來越重要，但成功完成的比率非常低，像 IBM 這樣的公司，也只有四成的項目可以達到時限、財務預算和質量的目標（Cohen, 2019）。若年青人能夠在求學階段，建立自我效能，準時完成工作，已經領先不少對手。此外，除了自我效能外，年青人的社交能力和情緒管理技巧也是達致將來理想生活的重要元素。能有效溝通、調節情緒，可以為年青人在職場上的競爭力奠定基礎，並有助建立良好的人際關係。

但是，一心栽培子女成材的家長，卻未意識到社會對年青人的要求早已不再是高學歷。以上提及的所有技能，均不能單從課堂中習得。例如創意思維，這是未來經濟秩序中重要的成功條件，也是電腦和信息科技不容易替代的功能。有人認為創意思維無法靠直接教導而習得，而部份人的創意的確是與生俱來的，但亦很可能是通過解決問題而掌握。可惜，教育界太側重於尋找「正確答案」，漠視甚至否定學生的想像力，不利於培養學生的創意思維。除此之外，即使家長有財力投資於子女的教育上，單純用數以百萬計的金錢讓子女攻讀名牌學位，也不代表子女能建立自我效能，學懂怎樣與人相處。有一位年青人，父母不惜花大量金錢送他到英國著名的高中讀書，卻因無法融入同學當中，不單未能擴闊社交圈子，更遭同學排斥，終日鬱鬱寡歡，自信心和積極性受到很大的打擊。可見，即使父母有能力讓子女入讀著名院校，伴隨而來的未必是鯉躍龍門，甚至不能保證子女將來不會失業，更遑論能找到理想人生。

當然，大學教育的價值依然存在，到國外交流、實習等經歷，對年青人的成長仍有幫助，但家長要理解把子女送入大學並不等於

一切，他們將來面對的競爭和挑戰，已經超越了學歷層面。對於就業，也不能認定傳統的學科就保證財路亨通，例如近四成的會計師大有可能會給電腦陸續取代；一些炒賣式的投資也漸因政府監管而式微，金融、投資銀行和會計這些曾被視為優差的職業，也因社會的發展而逐漸淘汰。現時，在社區學院修讀文憑課程的人士，很多已經擁有大學學位，而多倫多一家大型的社區學院就有百分之四十的學生，因未能找到合適的工作，需靠修讀另一項專業來增加就業機會，可見學位和就業之間的關係已經難以確定。

家長不應盲目追捧傳統的理想行業，否定子女的其他選擇，例如成為一位作曲家，甚或是自行創業。在就業市場如此不樂觀的年代，創業可能是更佳的出路，至於成功與否，則視乎能否洞察市場先機。一位作曲家若要糊口，就要明白到原來只有中年人士才會花錢買唱片，年輕一輩大多在互聯網上不付費下載，從中認識哪些人才是潛在顧客。這些資訊，並不是從課本而來，而是靠思考將來，同時搜集和分析資料而得出的。

史丹福大學的 Tina Seelig（2019）教授指出，學生單純跟從教授所設的框架並不會走得很遠。年青人需要對將來有願景，了解社會發展趨勢，並從中找出最適合自己的位置。歐美經濟衰退，中國、南韓等亞洲地區加大科研發展力度，將來世界的藍圖怎樣繪畫，必與現況有所不同。最理想的新世代親職，不再只是擁有足夠的財力讓子女入讀名校，更要洞察將來的趨勢，放下傳統對學歷的崇拜，讓子女從小學習與人相處，發展創意和所長。能夠與別不同，靠的是勇氣，唯有敢於創新，才能在這個瞬息萬變的社會，找到適合自己的一片天。

親職教育談何容易

要求新一代的父母放下傳統對學歷的崇拜，談可容易！雖然他們都是生於物質富裕的年代，但全球經濟逆轉，政治經濟民生等面貌正在急速轉變，過往學歷被視為在社會向上流動的「入場券」，但現在持有這「入場券」又是否真的成為「人生勝利組」？在青少年服務工作多年，確實遇見不少年青人被殘酷的現實打擊，以致失去方向和目標，他們表達不滿與憤怒的同時，卻被父母批評為「問題青年」，認為這一代缺乏理想與鬥志、毫不快樂、生命脆弱而承受不起挫折、不曉得尊師重道、不懂禮貌、心靈空虛、貪愛物質、行為與價值有異於傳統道德標準等，這些鴻溝，應如何填補？

對家長來說，管教子女可能比應付貧窮更困難，因為努力工作，仍可有望脫貧，但要管教新一代的年青人，已不是單靠物質就可應付得到。在現時的服務中，不論是托管服務、學校服務和輔導服務，家長向社工求助更頻密，因為子女在成長期間的挑戰，實在不容易應付。對管教嚴厲的家長來說，子女在壓力下的情緒爆發，往往令他們措手不及；對管教寬鬆的家長來說，他們又無法處理子女的偏差和放縱行為。

「結伴同行」家長小組

中學生家長求助的個案增加了，大部份均表達對年青人的思想、行為及價值觀，實在無法忍受，進而影響了親子關係，甚至更有家長投訴子女的偏差行為如輟學、沉溺網上活動等。因此，我們以知行易徑介入模式，配合「生活世界設計」的思維，舉辦了兩個「結伴同行」家長小組，期望在小組中，家長可以：

1. 從不同角度探討青少年的行為和特性，了解他們的需要；
2. 反思親子互動形態，加強正面的親子關係；
3. 透過經驗學習，掌握有效的生活策略和技巧，以及如何有效地與子女溝通；
4. 建立家長互助支援網絡。

　　小組組員都是初中學生的家長，他們發現子女升上中學後，彼此溝通更加困難，因此小組中，我們先從子女的問題出發，引起家長討論的動機及興趣。事實上，由問題開始，家長就會如數家珍般投訴子女的行為問題：

家長甲：子女回家便拿著手機不放，不做功課、也不溫習。

家長乙：放學沒有即時回家，經常訛稱到同學家中溫習，很夜才回家。

家長丙：已安排了很多補習給子女，但數學仍不合格，主科不合格，將來怎樣升學。

家長丁：子女經常與無心向學的同學一起，成績變得越來越差。

　　家長你一言、我一語，話題離不開子女「學業問題」，但問題背後，家長可有了解子女的需要嗎？

子女的需要，還是父母的需要？

　　與家長探討子女的需要，實在花了很大氣力，他們口中所說子女的需要，離不開想玩、想要物質供應、想有朋友等，「想要」和「需要」之間往往劃上等號之餘，也自覺沒有能力滿足子女的諸多要求。在小組中，有位家長表示兒子的問題是綜合科學科一直不合格，如果仍然不肯努力溫習、多做練習，就不能升上理科班。其他

家長紛紛獻上計謀，希望可以幫到這位家長。可是，家長為何那麼著緊子女的學業成績呢？甚至視它為唯一專注的事項。

我們與這位媽媽一起討論子女的需要時，她很明白兒子需要被認同及被肯定，因此逃避做科學科的功課，以避免老師的責難，也不想跟同學比較，但她就是放不下兒子不努力去應付科學科。她相信兒子只要堅持、不怕困難，一定可以考到好成績。可是，每次兒子努力應付科學科考試而換來更大的挫敗時，媽媽只會覺得他的付出仍是不夠，沒有全力以赴。媽媽每次提到兒子的科學科成績時，都會雙眼通紅。為甚麼媽媽會那麼在意這學科的成績，而無法正視兒子的需要呢？

後來，媽媽表示兒子將來一定要從事醫護工作，因為她在診所工作，由於沒有學歷，只可做一些登記、配藥的工作，一直不甘心，也認為醫護行業有很美好的前途。因此兒子由小至大，媽媽都不斷灌輸醫護常識，希望兒子將來投身醫護行業，那麼前途就一定會一片光明。如今兒子科學科成績不理想，無法修讀理科，也不能進修生物科，想到這點，媽媽彷彿甚麼希望都沒有了。

我們與家長談及子女的需要時，原來都會觸及家長的需要。父母堅持要子女達到自己的期望，或許是想滿足自己的需要。父母既要反思個人的需要，還要思考用不同的路徑來幫助自己滿足需要，不要因為自己的需要未被滿足，而成為子女成長的絆腳石。當孩子在父母框架下成長，自己的需要也經常被忽略，因此走不出更遠的路。

家長小組的反思

在第一個小組裏，我們經常跟家長探討對子女的期望，大部份

都表示希望子女能考取好成績，繼而升讀大學，大學畢業後就前程錦繡，前途一片光明了，而他們最終的盼望，就是子女能過著安定富足的生活。小組於是以安定富足的生活為目標，檢視學業成績或一紙文憑究竟有多大作用？孩子還需有甚麼特質或能力，方能達至這樣的生活？可惜，小組即使依循這個方向，討論還是兜兜轉轉，最終家長仍堅持要子女努力讀書，甚至這成為他們唯一的堅持，對於改變家長一些牢固的想法沒有甚麼用處，也未能幫他們察覺對子女的期望跟自己的需要有何關係。

小組結束後，我們有以下的反思：組員大部份是社會基層的家長，他們整天為口奔馳，因為學歷低而只能從事勞動工作，覺得自己的社會地位低微，生活缺乏尊嚴，在協助子女學業上更感無力，望子成龍的心態就夾雜著自卑、挫敗、無助、屈辱等複雜情緒，所以單靠理性討論是不容易解開這個心結。

故此，在隨後的小組，我們決定由家長的親身經驗出發。首先，小組鼓勵家長分享自己的成長經歷。他們常常說出曾遇過的挫敗，在社會裏面對種種競爭而感受到莫大的壓力等，然後小組逐步引導他們發掘自己的專長。有家長表示自己是烹飪能手，有家長發現自己做事有條理，能按部就班處理事情，也有家長覺得自己善於與人溝通，能夠體貼身邊人的需要，當他們發現自己的長處或專長之後，自信心亦慢慢提升起來。小組繼而探討這些專長曾為自己的生活帶來甚麼影響，這個討論很有意思，家長開始察覺到即使看似簡單的興趣，如烹飪、唱粵曲、縫紉等，當發展成為強項，便可增強自信，亦為生活增添不少色彩和樂趣，而有些能力更可幫自己做事貫徹始終和有效率，或能夠跟其他人有效共事合作，又或有助發展良好的人際關係等，有了這些親身體驗和反思，家長便察覺到應要幫助子女發展不同能力和培養興趣。隨後，小組鼓勵家長分享他

們如何建立這些能力和專長。他們的心得包括逐小嘗試，藉著反思而懂得從失誤中學習，有些時候會向朋友請教，或家人從旁指點和鼓勵等。我們總結這些經驗之後，家長便更懂得怎樣協助子女建立各方面的能力，同時指出子女建立某些關鍵的能力之後，他們便更有信心去迎接未來瞬息萬變的社會。

結語

面對多變的世界，家長都無法估計將來，何不放手讓孩子走自己的路。為青少年而發展的「生活世界設計」，就是幫助他們認識自己的需要，掌握世界發展的趨勢，從而轉化為所要學習的知識和技能，為未來世界作好準備；而能夠沿途陪伴、聆聽和支持，協助他們建立各種關鍵能力，應是新世代家長的重要角色。

參考文獻

Cohen, H. (2019, February 7). Project management STATISTICS: 45 stats you can't ignore. Retrieved February 24, 2021, from https://www.workamajig.com/blog/project-management-statistics

Seelig, T. (2019). *What I wish I knew when I was 20 — 10th anniversary edition: A crash course on making your place in the world.* New York: HarperOne

Tsang, A. K. T. (2013). *Learning to change lives: The strategies and skills learning and development system.* Toronto: University of Toronto Press.

6 「生活世界設計」課程（中學篇）初探

蔡鈺婷、趙萃樺、蔡冠堯、楊浩麟

引言

二十一世紀，世界已進入 VUCA 時代，人類將面對一個難以預測且急劇轉變的環境。VUCA 概念起源於二十世紀九十年代的軍事用語，用來描述多變（volatile）、不確定（uncertain）、複雜（complex）和混沌（ambiguous）的戰後世界，後來更被商界引用去描述商業的「新常態」環境。

創新科技發展迅速，人們的生活亦出現巨大的轉變。科技不只帶領潮流，令生活變得非常便利，更徹底改變了我們的生活模式，直接影響日常的習慣，包括工作、學習、社交、購物、娛樂、飲食等。例如在新冠病毒疫情期間，商界企業推行在家工作、學校進行網上授課、零售公司轉型致力推廣在家購物等新常態。由數年前只是網絡媒體製作人 Youtuber、KOL（Key Opinion Leader，關鍵意見領袖）才需要掌握拍攝、短片剪接、網上直播等技術，到今天所有教師、社工及銷售員工都紛紛追趕學習，將自己煉成一名「網絡紅人」。

許多昔日專業範疇的知識和技能，今天已經轉化成為大部份人都需要掌握的基本生活技能；而且科技日新月異，加上環球局勢的

影響，人們需要掌握的知識和技能越來越多，社會的要求亦越來越高。因此，二十一世紀的青年必須為未來作出足夠的準備，才能回應 VUCA 時代的需求，並從中創建實力，選擇一條適合自己事業發展的路。

「青少年生活世界設計」（Youth Life World Design）是一套整全而靈活的培訓系統，以知行易徑為基礎，採用「多項應變思維」（Multiple Contingencies Thinking）（曾家達，2017）以回應複雜多變的世界，引導青年從個人以至整個生活系統中的不同角度去探索、思考、整合、抉擇及行動，並按照實際情況去調節、改動及修訂設計，不但擴闊青年對個人發展的視野，進深釐清個人需要，更重要是開拓更多不同的發展空間，讓青年走出屬於自己的道路。

培訓系統強調每個青年的獨特性，依據個人需要、性格特質、能力、身處環境及社會文化等，釐定個人化的目標，並考慮個人情況與環境因素之間的互動，作出靈活設計，預留隨時改變的空間，讓青年以多種不同方法和策略去達成目標，滿足個人需要和內心渴望。與此同時，技能培訓亦是培訓系統中重要的元素，裝備青年以回應 VUCA 時代的需求，並在他們清晰地確立個人目標後，運用習得的策略及技能去實踐目標，應付過程中不同的挑戰。而技能培訓內容主要參考世界各地不同專家、學者、企業及研究團隊的見解（Care, Griffin, & Wilson, 2018; Fullan, Quinn, & McEachen, 2018; Kay, 2010; Plucker, Kaufman, & Beghetto, 2016），再結合知行易徑理念，並以香港中學生所面對的處境作通盤考慮，為中學生設計出以下培訓框架。（表一）

表一

目標	所需技能
一、重構想法／目標，發掘及掌握個人需要，釐定目標	1. 探索及釐清需要 2. 自我探索（價值觀） 3. 多項應變思維
二、開發多元策略及技能	1. 自我探索（性格特質） 2. 資訊管理及應用 3. 處境、特質及力量分析 4. 批判性思考 5. 創造力與創新力 6. 有效抉擇 7. 協作 8. 多項應變思維
三、執行及檢視成果	1. 時間管理 2. 有效溝通 3. 協作 4. 解難 5. 靈活性 6. 適應力 7. 情緒智商

以下詳細解釋表內每項技能所包含的意思：

1. 探索及釐清需要（Need Identification）

這是指透過分辨「想要」（want）及「需要」（need）的概念，以清楚明白個人的喜好、行為、想法及擔憂等背後的動機，並重新釐清個人需要。

2. 自我探索

這是一個認識自己生理、心理、社交、靈性、價值觀等方面的過程，一般可以透過個人言行、思想、情緒等進行自我觀察及自我反思，也可藉著別人回饋、數據評估等方法來加深對自己的認識及理解。

3. 多項應變思維

這是指以多角度識別多種由個人、文化和社會變量等相互影響，並維持開放、靈活的方式，應對不同的特殊需求和情況。

4. 資訊管理及應用

這是指個人能夠有效地運用時間及資源去收集指定目標信息，並迅速及準確地評估和分析信息內容，最終能夠使用信息去解釋或解決當前遇到的狀況。

5. 處境、特質及力量分析（3C Analysis）

處境指個人外在的情況，包括環境、社會、人際關係、狀況等；特質指個人的特性，包括外形、性格、身份、習性、信仰及文化等；力量包含「能力」及「容量」，通常與長處、強項及資源等進行相關分析，並從中探索多元策略及資源，以開拓更多出路。

6. 批判性思考（Critical Thinking）

這是指透過事實形成判斷的思考方式，並對各種媒體的資訊進行解讀、分析、質疑和過濾。一般常用的技能包括解讀、評估、分析、推理、質疑、過濾、解釋及修正等，而學生能夠透過練習去提高批判性思考能力。

7. 創造力與創新力（Creativity and Innovation）

創造力是指構思原創或不尋常事物的能力。創新力則是指

實施新事物的能力，即利用已經獲得的知識來創造新事物，或以新方式創造新事物，以滿足不同需要或解決現實生活中的問題。

8. **有效抉擇（Making Deicision Effectively）**

這是指個人能夠把注意力鎖定於目標，有效地分析和評估所收集之論點、主張、信念和證據，並在各種選擇方案中，作出深思熟慮的抉擇。

9. **協作（Collaboration）**

這是指能夠善用身邊或團隊中的人力資源，包括才能和知識，以創造及發揮最大成效，而且懂得以整個群體的利益作考慮。

10. **時間管理（Time Management）**

今天人們花在智能手機上的時間越來越長。有研究指出，香港中學生平均每天最少使用手機接近 2 小時，假日更超過 3.5 小時，甚至出現沉迷的情況（Cheung et al., 2019）。因此中學生需要及早學習管理與運用時間，避免荒廢光陰，更要懂得適當地運用時間，以有助個人成長和發展。時間管理不單是制定時間表或執行管理等，亦包括如何有效地分配及運用時間。

11. **有效溝通（Effective Communication）**

有效溝通的方式多種多樣，包括：有效地表達思想和觀點；具有各種形式和環境的書面和非語言交流技巧；有效地聆聽傳達的含義，如知識、價值觀、態度和意圖；用於各種目的的交流（例如告知、指導、激勵和說服）；利用多種媒體和技術，並且知道如何評估其有效性及影響。

12. 解難（Problem Solving）

這是指以傳統或創新方式去解決各種不熟悉的問題，也是指確定並提出重要問題以澄清各種觀點，並尋求更好的解決方案。

13. 靈活性（Flexibility）

因應不同處境或危機，然後運用各種方法及資源，去達成目標，或避免危機的發生。

14. 適應力（Adaptability）

適應力包括多個範疇，如：適應各種角色、工作、職責、時間安排和環境；在模稜兩可或不斷變化的氛圍中，定出優先次序，以提升工作效率；有效地吸收回饋；積極應對讚美、挫折和批評；了解、協商和平衡各種觀點和信念，以達成可行的解決方案，尤其是在多元文化環境中。

15. 情緒智商（Emotional Intelligence）

這是指個人能夠了解自身感受，控制衝動和情緒，保持理智處事，甚至對其他人產生同理心，了解對方的情緒狀況，然後作出適當回應。

中學入校介入策略

生涯規劃被認為是應及早展開的工作，因此對於不時要面對未來抉擇的青少年，生涯規劃課堂成為他們不可或缺的課外活動之一。然而，即使同為中學生，不同年級都會面對不一樣的處境，需要不同的裝備及支援。「生活世界設計」課程（中學篇）是為各級學生度身訂造課堂內容及活動的項目，幫助他們面對不同需要及挑戰時，都可以迎刃而解。

　　青年事務委員會（2017）發佈的一份研究指出，有兩個重要因素對青少年之生涯發展有著巨大的影響，分別是「自我效能感」（self-efficacy）及「適應力」（adaptability）。前者為對自己能力的了解和達成目標之信心；而後者為願意及有能力地對現時或將來環境作出轉變。這也是本課程的兩個重要關注。

　　面對多姿多彩的中學生涯，中學生於不同年級都會遇上不同挑戰，衝擊他們的自我效能感及適應力，例如中一學生初來乍到，面對新環境和新人事，適應力將會左右他們投入校園生活，甚至對其成長造成影響；而中二學生亦開始追求青少年認同感（sense of identity）、自我效能感等；其他年級的學生則會因應不同階段的挑戰，而需學習不同的技能。

　　除了中一至中六級須因應不同需要而去裝備及學習技能外，我們亦發現某些軟技能乃是現代生活中不可或缺的，因此我們也將這些技能加入到不同的主題活動設計中，並橫跨不同年級。當中包括「生活世界設計」所強調的「創造力與創新力」。我們相信學生乃是主導自己未來的設計師，而設計最重要便是有創造力及創新力，所以在活動當中，我們鼓勵學生大膽幻想，勇於突破框框，擴闊各種可能性，從而訓練他們的「創造力與創新力」。

　　另一方面，在不同行業和學科當中，學生都需要與他人協作及商量，因此活動大多以分組形式進行，目的是讓學生與身邊同伴合作共創及共同完成任務，以此提升他們的協作共創力。

　　而情緒智商亦是現實中常常受到考驗的軟技能，我們可藉著每節活動的解說，觸及學生的情緒和內在思想，並透過溝通及分享來提升學生的情緒智商。

　　因此，我們針對不同年級的學生來制定下表，成為「生活世界設計」課程的大綱。（表二）

表二

活動技能對照表	
中一級	適應力、時間管理能力、抉擇力
中二級	自我認識（性格特質）、有效溝通能力、解難及批判性思考
中三級	自我認識（個人價值觀）、資訊管理及應用、抉擇力
中四級	探索需要及價值觀、多項應變思維
中五級	多項應變思維、需境特量分析、靈活性
中六級	資訊管理及應用、抉擇力、有效溝通能力
各個年級	創造力與創新力、協作、情緒智商

中一級「生活世界設計」課程

　　從熟悉的小學步入新的環境、新的學校；從最年長的學生成為學校中最年幼、最青澀的新人；從無所不知的小學六年級生轉變成一無所知的中學一年級生。不但是環境的轉變，身邊的人、事、規矩、風氣及節奏都更新了。有些人會很容易習慣轉變，並能好好享受各種新事物和新生活，但亦有很多人對於種種新轉變會感到不安、迷茫、困惑，出現適應上的問題，最終可能導致情緒上的困擾，影響對未來六年中學生活的觀感。

　　事實上，大部份中學都會為中一生準備迎新活動，但要於短時間內適應這一切的「新」，可說是欲速則不達。

　　難以適應新轉變的其中一個原因，是源於不了解新的環境、新的事物以及缺乏自我裝備，以應付轉變。假如中一學生能對他們的新學習環境和種種新事物有更多的了解和想像，並能對中學六年生

84

活有一定的預想和裝備，便可以大大提高他們在新環境的安全感，並有助對未來的探索。

　　同時，面對多姿多彩的中學生活，如何能在學習和課外體驗中取得平衡，對尚未完全適應中學生活和學習模式的中一生而言是很大的考驗。

　　因此，本中心的「生活世界設計」課程，中一級的目標是提升學生三種軟技能，包括靈活性及適應力、抉擇力、時間管理能力。

適應力

　　正如上文提及，中一學生面對的最大問題是適應新環境、新師友、新生活和新學習模式等等各種的「新」，因此，提升學生的適應力乃首要任務，亦是現今多變社會必不可缺的軟技能。要提升適應力，最需要的便是對新事物有更多的認識和了解。「青少年生活世界設計」課程透過一個闖關挑戰，帶領學生想像及體驗中學生涯不同階段中有機會面對的挑戰和所需要扮演的角色，讓他們能宏觀地對中學生活有一個基本的印象，加強在不熟悉環境下的適應能力。

抉擇力（Decision Making）

　　體驗式活動可讓中一學生提早經歷各階段的中學生活和建立心理準備，他們亦有需要增強適應力，學習提升自己的「抉擇力」。中一學生剛剛開始踏入一個新的階段，猶如一張白紙，對未來六年生活有初步的認識和想像後，便會開始為自己這張白紙添上色彩，慢慢建立未來的發展藍圖。此時，如何能在眾多吸引和新鮮事物下

作出適合自己的選擇，並把選擇設定成可發展和實現的目標，便尤其重要。因此，本級課程很強調「有效抉擇」的培養，透過體驗活動和工具，引導學生先選擇自己期望在中學生涯達成的目標，然後再通過分析不同的因素，收窄範圍，決定一個「可實現」的目標。

時間管理能力

青少年進入中學階段，會被賦予更多的期望和責任。與此同時，他們在新環境中接觸眾多「新鮮事物」後，開始需要學習選擇並訂立一些可行的目標。作為新階段之始，課程期望能培養學生時間管理能力，透過合作活動去認識時間管理的重要和提升管理時間的技巧，也希望協助學生在面對中學繁重課業時，具備分配時間及平衡課程和課餘活動的技能。

針對各年級的「生活世界設計」活動，我們曾進行多方面的嘗試，以下選擇部份活動內容，並總結有關經驗，以展示這課程的結構和重點，並給同工參考。

❖ 適應力主題活動：中學奇遇記

目的：讓中一學生及早認識中學生活和不同階段會面對的挑戰，以提升其適應力。

📋 內容及形式

- ☻ 人數：4-6 人一組
- 🕐 需時：30 分鐘
- ◆ 物資：圖案紙（按組別數量而定）、1-2 幅拼圖、寶貼（Blu

Tack）、2 張大卡紙、箱頭筆（marker）

▶ 玩法：全班分成 6-8 組

第一部份：中一級挑戰 —— 小學中學大不同

1. 每組派一位學生到黑板前，於一分鐘內在黑板上盡量寫出中學生可以參與的校內外活動或比賽，最多的獲勝；或可加入是非、多項選擇或問答題，題目內容包括一些中學與小學的不同之處，讓學生對中學的生活模式有更進一步的掌握。

   參考題目：

   i. 中學的測驗考試多少分數才算及格？

   ii. 有甚麼科目是中學才有而小學沒有的？

   iii. 中學生是否經老師同意便可以在學校留宿？

第二部份：中二級挑戰 —— 中二病！？

1. 每組派一位學生到隔鄰組，訪問隔鄰組其中一位組員三條問題（例如：最喜愛的甜品、最喜愛的動物及最喜愛的名人）。

2. 回答者獲發一張圖案紙，需根據問題和圖案紙的選項選出答案。

3. 但回答者不能說話，只能點頭或搖頭回應。

4. 而發問者可根據選項發問一些是非題，嘗試猜出答案。

〔中三級沒有挑戰活動，只以主題「選科」作過渡，工作員可簡單介紹一下中三學生進行選科的過程，以及所面對的困難和掙扎等等，讓學生對中三時將要面對的挑戰有基本認識。〕

第三部份：中四級挑戰 —— 選科後的新同伴

1. 每組派一位學生到黑板前，所有組代表需合力於 3 分鐘內完成一幅拼圖。

2. 按情況進行一些自由度更大的合作活動，如給予一個主題於限時內一起完成一幅畫作。

第四部份：中五級挑戰——學生領袖

● 每班（或分成兩批）為自己班別創作一句口號，或加上動作。

介入技巧經驗分享

● 中一級挑戰活動部份，應要求學生寫出中學有而小學沒有的活動，所寫的活動要盡量多元化，令他們更認識小學與中學的不同之處。

● 中二級挑戰活動的題目數量，可因應時間去決定，重點是希望參加者能體驗溝通的困難。

● 中四級挑戰的活動形式，可採用拼圖或畫畫；題目貼於黑板／白板上，讓所有學生都可觀察參加者的合作情況。留意人數，如組別數量多於六組，建議可以分成兩小隊去接受挑戰。

● 中五級挑戰的形式，工作員可先揀選小領袖的角色，賦予他們任務去帶領其他學生參與活動，讓活動氣氛不致變得鬆散，同時帶出此挑戰講求的「領導訓練」。

● 為了讓學生想像參與闖關遊戲，工作員在解說活動時，可以多用戲劇性語氣及字眼，帶領學生開展「中學奇遇記」，經歷未來六年會發生的事，以營造氣氛。

● 工作員宜於每節活動完結後，跟學生進行解說，簡單解釋每個級別或階段可能會經歷的事情或轉變，以及如何應對。

程序功能及解說範例

● 中一學生的最大挑戰，就是適應新環境和新事物，而中學與小學的最大分別，就是活動的多樣化及學生的自由度。希望透過活動吸引中一新生的興趣，建立他們對中學生涯的正面觀感，並可鼓勵他們嘗試多參加活動。

- 中二學生主要經歷青春期的階段，處於一個既想與人建立關係、認同感，同時又希望建立個人獨特感的矛盾狀態。透過小遊戲帶出學生未來有機會遇上此類溝通困難或不願辯解的情況，同時再提及溝通的重要性。

- 因為中四選科，中學生有機會與原本同班熟悉的學生分離，同時高中課程中有不少專題研習及小組功課，亦需學習與不太熟悉的同伴一起工作。

- 中五學生有機會成為校內領袖，或不時參與校內活動及比賽，成為中學生涯的重要回憶，而且更有機會體驗班、組的團結精神，以及建立對新環境、新群組的歸屬感。

- 工作員可跟同學解釋「中學奇遇記」只是六年中學生活的一個簡單預演，亦可強調並不是一定該級別才遇到這類的情況、困難或挑戰，整個中學生活都有機會需要面對以上的問題，甚至更多。

- 工作員可與同學討論如何才能更好地熟習和適應中學生活，並以樂觀正面的態度迎接未來六年充實的中學生活，討論方向如下：
  - 需要盡快適應中學生活的原因？如活動經歷很多、節奏很快，盡快適應可讓寶貴的青少年生涯留下更多回憶。
  - 可以更快適應中學生活的方法？如參加更多活動、多與學長學姊了解中學生活的有趣之處、與老師或家人分享不適應的地方以尋求幫助、回顧「中學奇遇記」的活動。

⇄ 程序變化

- 各級別挑戰皆可按學生的實際能力和情況作出微調，調整方式已詳述於以上部份。

✥ 有效抉擇主題活動：我的中學 GOAL

目的：讓學生認識如何有效訂立目標，以及學習時間管理技巧——預算時間

📋 內容及形式

- 👥 人數：4-6 人一組
- 🕐 需時：30 分鐘
- ◆ 物資：積木、中學生必做事項清單、SMART GOAL 應用紙
- ▶ 玩法：

第一部份：時間塔

1. 學生要在限定時間內，把自己組別所擁有的積木疊高成一座塔，最快用完所有積木之組別為勝。

2. 最初每組預設有 3 分鐘時間，沒有積木，學生可以透過組別所擁有的「3 分鐘時間」換取積木，1 秒 =1 粒積木。

第二部份：我的中學 GOAL

1. 每人獲發一張「中學生必做事項清單」（附件一），當中列出不同項目，學生在想做的事項旁邊加剔，甚至在紙上添加未有提及的其他事項。例如做社長、設計一幅壁報、贏得班際比賽等項目。

2. 工作員向學生介紹「SMART GOAL」目標訂立方法，邀請學生從清單中揀選一項最想完成的事，為其訂立 SMART GOAL。

🖲 介入技巧經驗分享

第一部份：

● 工作員可給予小組事前討論時間，讓學生討論並訂立目標（Goal），決定組別可在指定時間內砌完多少積木。目標大小並無明確定義，

組別只要完成所訂的目標即可。

- 工作員可藉此引入本節的主題，學習訂立 SMART GOAL。
- SMART GOAL 之解說：

SMART GOAL	定義	在活動中之應用
Specific 明確的	明確的細節（時、地、人、結果）	組別需清晰知道自己要使用多少積木和時間才能完成。
Measurable 可量度的	客觀的判斷是否已達成（通常可用數字量度）	因為 1 秒 =1 粒積木，所以組別會知道自己需使用多少時間和積木才能完成。
Achievable 可達成的	自己是否有足夠的能力、時間及資源	由於唯一的取勝條件是要在指定時間內使用所有積木，因此學生在限時內須討論如何分工合作，才能達到目的。
Relevant 相關的	是否與你的內在需要有關	勝出組別會得到獎品，藉此鼓勵學生認真參與，盡力爭勝。
Time-bound 有時限的	完成目標的特定期限	1 秒 =1 粒積木，組別換取了多少積木，便相應知道有多少時間去完成任務。

第二部份：

- 於「中學生必做事項清單」部份，可鼓勵學生不用考慮現實的限制，只要在想完成的事項上加剔便可以了。
- 於訂立 SMART GOAL 部份，工作員必須事前準備與學生情況貼近的一個例子去解釋 SMART GOAL，並且確保在 SMART GOAL 應用紙上有充足提示，引導學生記錄自己的 SMART GOAL。
- 於學生填寫 SMART GOAL 過程中，工作員可走到學生座位當中，

了解他們對 SMART GOAL 的理解程度，視乎情況需要而加以解說。

● 完成工作紙後，工作員須進行解說，並訪問不同學生，了解他們的 SMART GOAL，以加深學生對此技能之印象，達至深化效果。

▤ 程序功能及解說範例

第一部份：

● 工作員須協助引入 SMART GOAL 主題。

● 帶出組員間需要溝通以制定一個可達成的目標。

● 與學生一起討論如何訂出最終使用的積木和所需時間、如何分工合作以達成目標。

第二部份：

● 帶領學生反思個人在中學想完成的一些事項。

● 鼓勵學生學習把計劃設定為可付諸實行的目標。

● 邀請學生分享他們的 SMART GOAL，當中可追問其目標如何與他們的內在需要相關（R: relevant）。

⇄ 程序變化

「中學生必做事項清單」（附件一）可按個別學校的情況去更改內容。

附件一：中學生必做事項清單

1. 做班長	18. 參加歌唱比賽
2. 做學生會主席	19. 在班際籃球比賽中勝出
3. 陸運會中取得個人獎牌	20. 同其他學校聯誼
4. 拍拖	21. 全年都不遲到
5. 做班會成員	22. 操行獲 B 以上
6. 取得獎學金	23. 劏老鼠
7. 做社長	24. 在朗誦比賽中勝出
8. 設計一幅壁報	25. 籌備班會活動
9. 參加社際比賽	26. 去畢業旅行
10. 擁有數個知心好友	27. 考上大學
11. 考試獲得全級頭十名次	28. 同老師做朋友
12. 劏牛眼	29. 認識學長 / 學姊
13. 做義工	30. 參加交流團
14. 參加辯論比賽	31. 講流利外語
15. 參加話劇表演	32. 各科考獲 80 分以上
16. 在學界比賽中勝出	33. 籌備謝師宴
17. 用顯微鏡	34. 上台表演 / 分享

❖ 時間管理主題活動：積木大富翁

目的：讓學生認識時間管理技巧中時間分配的部份，當中亦包括因應
時間而調整策略

📋 內容及形式

☻ 人數：4-6 人一組

🕐 需時：25 分鐘

◆◆ 物資：積木（3 種不同顏色）、模型範本

▶ 玩法：

1. 每組需要利用積木砌出 3 款指定模型，例如 3 款不同動物（狗、大象、雞）。每完成 3 款不同模型方可獲 1 分；未能完成 3 款者將未能獲得任何分數，目的是於限時 10 分鐘內爭取較高分數。

2. 每款模型必須由指定顏色組成，例如紅色的狗、藍色的大象、黃色的雞。

3. 每組每次只可同時採用一款顏色積木，換言之只能製作其中一款模型；如組別需要製作另外兩款模型，就必須將組內所有未完成併合的積木交回主持人，方能換取另一款顏色積木以製作下一款模型。而更換顏色積木的次數不限。

4. 由於每款模型製作的複雜程度不同，所以活動開始前，主持人會向每組分發模型範本供觀察，並給予各組 3 分鐘時間討論如何分配時間及製作策略。

5. 討論後，正式開始。

🔁 程序變化

為提升積極參與的氣氛，可增設不同的獎項，如最佳時間預算團隊、

最佳應變團隊、最佳時間管理團隊等等。同時強調時間管理能力中的時間策劃、應變管理及效益預算等。

🔝 介入技巧經驗分享

- 提醒學生需討論及評估時間分配，以最有效方式完成項目。
- 提醒學生評估實際情況，善用轉換功能。
- 可按學生的情況去決定活動的嚴謹程度，假如學生都偏向砌得較慢，可稍降低對形狀的要求。
- 結果不是介入重點，重點是學生如何分配時間，能否從中明白時間分配的重要性，並學習時間管理的策略。

📋 活動解說範例

- 由於時間設限，並須要轉換積木程序，組員需策略地分配時間才可砌出更多的模型：

  1. 能否達到你們預期的目標？
  2. 你們運用了甚麼時間分配策略？
  3. （續問）可行嗎？為甚麼？
  4. 你們首先選擇砌哪一款模型？為甚麼？
  5. 你們的模型製作排序優次是甚麼？為甚麼？
  6. 如果再挑戰一次，你們的時間分配策略會有甚麼不同？

中二級「生活世界設計」課程

艾力遜（Erik Erikson）的心理社會發展理論（Erikson, 1950）提及 13–18 歲的青年期，即整個中學階段的學生都在尋找自己的身份認同及獲取自我效能感。而中二學生升讀中學已有一年，對身

邊的人事及環境漸漸感到熟悉，他們開始建立自己的形象及朋輩圈子，但同時又要面對社會上不同價值觀的衝擊、朋輩間的影響，以及長輩和家人的期望等等。當未能好好溝通及適應時，便很容易出現叛逆、自我中心等問題。

這群「成長中」的學生，假若轉變過程未如理想而出現上述自我中心，甚或自尊過高等問題，便會大大影響他們未來的生活，例如職場發展、人際關係相處等等，即使人生有多麼理想的規劃，執行和實踐上亦會出現很大的障礙。

因此，本中心的「生活世界設計」課程，中二級的目標是提升學生三種軟技能，包括有效溝通及協作能力、自我認識和自我接納能力、解難及批判性思考能力。

自我認識（性格特質）

處於青春期的青少年常常盲目追求和擁抱社會潮流，例如外貌打扮、興趣活動，再加上要得到朋輩的認同，人人爭相追隨潮流，導致很多互相比較和批評的問題，令青少年本已薄弱的自尊感更雪上加霜。「生活世界設計」相信每個人與生俱來都是與眾不同的，有值得被欣賞的獨特性，亦有屬於自己的價值。因此本級課程強調培養學生的自我認識及自我接納能力，並透過活動去深入發掘他們的特質及能力，從而引導他們學習欣賞自己及他人的獨特性。當了解自己的個人特質，塑造自己的形象及價值後，便能更有信心地設計屬於自己的「生活世界」。

有效溝通

在 VUCA 時代，溝通及協作能力於學校、職場甚至人生不同的跑道上，都是不可缺少的軟技能。中二學生剛踏入青春期，在這

成長中尋找身份認同的階段，很容易會出現叛逆、自我中心等問題，因而影響跟身邊人的相處。因此，本級課程注重改善學生的溝通及協作能力，在活動中讓學生了解溝通的重要性，並會透過學習不同的溝通模式，提升溝通技巧，讓他們知道與別人相處合作，並沒有想像中的困難。

解難及批判性思考能力

如上文所述，青少年慣常將自己與他人比較，又放大自己挫敗的經歷，陷入自我懷疑及身份混淆的危機當中。因此本級課程期望提升學生的解難及批判性思考能力，透過活動提升學生的自尊感，更從中培養他們的解難能力，並希望他們能勇於思考，重新認識和定義甚麼是失敗，並敢於面對，最終能變得更有韌力去面對未來生活所遇到的困難和挑戰。

❖ 有效溝通主題活動：Delivergroup!

目的：讓學生認識不同的溝通模式及有效的溝通技巧

▤ 內容及形式

- ☻ 人數：4-6 人一組
- ⏱ 需時：30 分鐘
- ◆ 物資：物資包（廢紙、報紙、廁紙筒、即棄木筷子）、乒乓球、「溝通互評表」
- ▶ 玩法：
1. 每組獲分派一份物資（當中包括廢紙、報紙、廁紙筒、即棄木筷子）、乒乓球 5 個。學生需使用指定的物資去製作一個不少於 20 厘

米高的運送裝置，用作運送 5 個乒乓球。

2. 工作員先設定起點及終點。每組學生須於起點開始，利用自己組別製作的裝置運送 5 個乒乓球。整個活動是以接力賽形式進行，學生輪流運送乒乓球，直至所有學生都執行運送過一遍。過程中，學生須將裝置舉高於自己的肩膊，同時避免乒乓球滾下，最終完成整個運送過程後，工作員會點算裝置上的乒乓球，每一個乒乓球代表一份獎品。

3. 活動完結後，工作員簡介四種溝通模式及派發「溝通互評表」（附件二）予每位學生，然後組員之間互評，並選擇一個最符合該組員的溝通模式。

🔨 介入技巧經驗分享

● 不同的物資會直接影響活動的難度，建議工作員事前可以先嘗試一次，以選擇合適的物資。同時亦須考慮安全性，例如應避免使用尖銳的物件作物資。

● 為增加組內溝通機會，如果時間許可，可於製作裝置前加插準備時間，讓每組皆可討論如何合作及設計。

● 接力的交接點可於起點或終點。如果場地狹小，建議交接點設於起點，即每位學生須來回一圈才將裝置交予組員；若場地寬敞，工作員可決定交接點於路線中間或終點，並於活動開始前，先將每組組員安置於交接點作準備。

● 獎品的選擇直接影響學生參與活動之動力，對中二學生而言，零食是不錯的選擇，唯工作員須事先與校方溝通，以決定獎品及頒獎的時機。

● 活動中，工作員需留意各組距離，避免運送時出現碰撞或乒乓球墮地時而造成混亂。

- 與前一部份相同，若希望增加組內溝通及合作機會，工作員可以講解完規則後，給時間學生討論，由他們自行決定組員的先後次序等。
- 介紹四種溝通模式時，可以加上例子、常用語句，並分享活動時的觀察，讓學生對不同的溝通模式有更深入的了解。
- 工作員可準備一些問題，引導學生反思活動過程中各組員的溝通表達方式、組員之間合作的情況，然後互相在工作紙上點評。
- 避免學生在互評的過程中指摘同伴，工作員須表明每人有其慣常使用的溝通模式或方式，當中並沒有高低之分。

解說範例

- 此活動在前期準備（裝置設計、人手分工）、運送物資（分配人手次序）上，皆有大量討論和溝通的機會，以配合是節的主題——有效溝通及協作。交流過程中，學生可以了解並體會各人所習慣的不同溝通或說話方式。
- 活動過程中，工作員須留意各組之間的互動，並訪問部份組別，從而引導學生探討溝通及分工的部份，並可在簡介溝通模式或其他部份，討論各模式的利弊：

  1. 剛才就裝置的設計或分工的討論中遇到甚麼困難？
  2. 你們是如何分工的？
  3. 小組內溝通的方式是怎樣的？
  4. 你認為四種溝通方式的利弊分別是甚麼？
  5. 如果再玩一次，小組的溝通還可以怎樣改善？
  6. 你認為怎樣才是有效的溝通方式？

⇄ 程序變化

● 如有足夠的預算，可直接運送零食（特別是易碎的零食）來取代乒乓球，以增加學生對活動的投入感。

附件二：溝通互評表

1. 被動型（Passive） （少表達、多聆聽、順從）	2. 進取型（Aggressive） （較強勢、主導、像「領袖」）
3. 被動進取型 （Passive-aggressive） （表面不欲爭執、內裏充滿負面 / 無力感、大事化小）	4. 堅定自信型（Assertive） （自信，清楚、堅定表達自己，同時能兼顧他人，容易被人誤會）

✤ 自我認識主題活動：尋人啟示（能力特質篇）

目的：讓學生發掘個人的能力及特質

📋 內容及形式

⚉ 人數：4-6 人一組

🕐 需時：30 分鐘

▶ 玩法：

第一部份：

1. 分組進行，每組需在每項任務中派出一位代表接受挑戰，事前提供時間給組員討論；工作員給予各組一張任務紙，並列出挑戰名稱作參考，如創意之王。

2. 工作員準備不同題目的任務讓學生去完成，最接近任務要求的組別成為勝出者。

3. 每個任務都與個人的特質或能力有關，例如最高（身高或居住樓層）、忍耐力最強（忍笑）、最緊貼潮流（猜流行曲）、最低音（唱歌）、最有創意、記憶力最強等等。

第二部份：欣賞你！

1. 每位學生獲分派一張印有不同能力特質形容詞的工作紙（附件三），邀請學生先在紙上寫上自己的姓名，然後向右傳，圈下認為組員擁有的特質能力，再傳給下一位，如此類推。每位學生都要為自己的組員圈下特質能力形容詞，然後作分享。

🔨 介入技巧經驗分享

第一部份：

● 任務主題必須有趣而簡單，以增加學生參與的動力及整體氣氛。

- 強調能力特質無分好壞，每個人都有其獨特及過人之處。
- 工作員亦可在活動分享部份加插一些例子，以展示如何應用「特別」的特質，說明特質無分好壞，對社會皆有正面的影響，例如特質是「幽默」，談笑風生的生活態度可令身邊人快樂，並有助人的心理健康；亦可為自己帶來成功，例如一些藝人能在紅館舉辦多場棟篤笑，而且出現一票難求的情況。藉此說明「天生我才必有用」，每人都有值得被欣賞和發揮所長的地方。

第二部份：

- 為吸引學生投入活動及改變「工作紙」沉悶的刻版印象，建議設計精美的工作紙，如配上圖案及不同顏色，以增加視覺刺激。
- 活動內容可按學生的程度而決定，例如學生學術程度較高，工作員可以在工作紙上預留較多空白位置，讓學生自己思索不同的形容詞；相反，若學生能力較弱，則可加以支援，給予較多不同的詞語供他們選擇。

📋 解說範例

第一部份：尋人啟示（能力特質篇）

- 能力和特質並不一定是要做了一些大事才能發掘或感受得到，其實我們每個人都有很多能力和特質，而且從日常生活的小事或經歷便能發現到。可鼓勵同學多留意日常生活發生的事，如每日都能準時上學、上課時專心不打瞌睡，已經代表他是一個有責任感、好學的人，藉這些例子帶出每個人都有獨特的特質、能力，而平常可能遭忽略了。
- 可提問參加者（特別是表現較好的）和其他組員，以了解一下他們從活動中展示甚麼個人能力和特質。參考提問方向如下：
  1. 為甚麼你會那麼容易挑戰成功？表現得較好？你有甚麼竅門？

2. 為甚麼會推舉（他們的代表）挑戰此任務？他有甚麼過人之處？
　 你欣賞他的甚麼地方？

第二部份：欣賞你！

● 透過互相欣賞和評鑑，引導學生進一步思考自己所擁有的能力和特
　 質。

● 嘗試邀請學生分享他們被圈上的能力特質形容詞，亦可邀請身邊的
　 學生分享為別人圈了甚麼詞語，並給予例子。

附件三：欣賞你！

能力			特質		
解難能力	語文能力	表達能力	幽默的	有勇氣的	勤勉的
情緒管理能力	溝通能力	邏輯思維能力	小心謹慎的	浪漫的	溫文和藹的
合作能力	運動能力	時間管理能力	關顧他人的	具創意的	負責任的
分析能力	創意能力	應變力	堅毅的	具同情心的	聰明的
記憶力	數理／運算能力	組織能力	可信任的	有活力的	體貼的
領導力	適應力	遊說能力	大方／不計較的	隨和的	積極主動的
口才好			反應敏銳的	謙虛的	樂觀的

✤ 解難及批判性思考能力主題活動：失敗課堂

目的：引導學生面對失敗時能從多角度思考不同解決方法模式，從而
　　　提升韌力去面對未來的困難和挑戰

📋 內容及形式

⊛ 人數：4-6 人一組

🕐 需時：30 分鐘

◆ 物資：膠杯、骰子、影片、反思工作紙（如需要）

▶ 玩法：

第一部份：魔術手

1. 活動分組及圍圈進行，每位組員之間要隔一個身位的距離，同時每
　位學生獲發一個膠杯，及每一組獲發一顆骰子。

2. 學生需要單手拿著膠杯，杯底向上，然後將骰子放在杯底。

3. 學生需要使用拿杯的手，拋起骰子並把膠杯翻轉，而旁邊組員則需
　要在空中接住骰子。

4. 如此類推，當那顆骰子傳遍所有組員而各人都成功接過骰子後，才
　算完成。

第二部份：「失敗」不可怕

1. 播放電影《激戰》的節錄片段。

2. 贏得冠軍、然後打假拳坐監、出獄後負債累累，更連累身邊人入住
　精神病院和受重傷，最後在高齡下再次贏得冠軍。

3. 與學生討論，主角程輝的人生是否失敗？（詳見解說範例部份）

4. 透過整體活動後的解說部份，與學生重新定義「失敗」。

ⓣ 介入技巧經驗分享

第一部份：魔術手

- 活動設計表面簡單，但亦很考驗個人的細心、小心程度和組員之間的溝通、默契等元素，稍一欠缺，便難以成功。

- 建議工作員嚴格執行規則，讓學生不易通過這看似簡單的遊戲。

- 工作員可按學生的程度，決定是否增加以下附加條件：每次拋起骰子都必須高於旁邊組員；若任何一位組員未能成功接到骰子或當骰子墮到地上，均需重新開始。

第二部份：「失敗」不可怕

- 部份學生未必能透過解說問題，將經驗深化或理解是節主題，工作員可按需要，加入親身經歷，以自己的故事及體會，幫助學生建立對「失敗」的新看法。

- 工作員亦可將反思問題列在工作紙上，加上圖案及色彩，吸引學生填寫，同時，給予學生個人反思空間。這活動較適合被動或內向的學生，或大班的教學模式。

- 為了引導學生重新定義「失敗」，工作員可於解說部份，將焦點放在「失敗」的得著，即在負面的情況中找到有價值的部份，從而為「失敗」賦予新的意義。

🗐 程序功能及解說範例

第一部份

- 工作員可留意學生在思考和測試方面，是否有良好的溝通方式，以掌握當中的竅門，並達到是節的培訓目標——解難及批判性思考能力。

- 可與學生討論以下解說問題，以深化學生的體驗及感受：

1. 個人／團隊合作上，你認為最困難的地方是甚麼？
2. 你對自己／團隊剛才的表現有甚麼感受或看法？（可用數字 1–10 來表達其滿意程度）原因是甚麼？
3. 你現在怎麼看待「失敗」／做得不夠好的部份？
4. 如果可以重來一次，你會怎樣處理？

第二部份

● 活動完成並體驗基本小挫折後，再藉影片，深化是節的主題，當面對更大的困難和挑戰時，該作怎樣的思考，令自己可以重新出發。

● 工作員可與學生討論主角程輝的人生是否失敗？失敗的地方是甚麼？他在自己失敗的地方重新開始，克服困難，贏得最終的榮譽和一片掌聲，這些成就能抵銷他的過錯嗎？

☰ 總結部份

參考解說方向：

1. 你認為「失敗」是甚麼？
2. 列舉日常生活例子，討論它們是否「失敗」。
3. 「失敗」一定代表負面、丟臉、難以接受嗎？
4. 「失敗」可能是一個機會，反思自己有錯失的地方或弱點。

⇄ 程序變化

● 魔術手活動部份，當所有學生成功完成一次任務後，工作員可按需要加深難度，如多放一顆骰子或限時完成等。

● 如未能播放適合影片，工作員亦可選擇以自己的故事作分享，並以反思工作紙作輔助，與學生一起探討「失敗」。

中三級「生活世界設計」課程

中三學生將要面對人生第一個抉擇，就是影響未來升學或就業方向的高中選科。雖然高中選科並不代表完全決定學生未來的路向，但的確會為他們的未來帶來頗大的影響，因此學生、家長及學校均十分重視。本課程並不是要幫學生決定他們未來的方向，而是協助他們探索個人需要及價值觀，建立抉擇力，和資訊管理及應用能力，並向他們介紹「多項應變思維」。

資訊管理及應用

為了讓學生能夠主導決定自己的高中選科路向，「生活世界設計」課程會以「偵探遊戲」的形式，讓學生學習搜集需要的資訊，並作分析、整合，繼而運用相關資訊去作出合適的判決。當學生掌握資訊管理及應用能力後，便可鼓勵他們自己去再搜集更多的資訊，探索外在環境及感興趣的範疇，並從不同角度出發去考慮高中科目的選項。

自我認識（個人價值觀及需要）

學生學習完資訊管理及應用，工作員便要帶領他們了解自己的內在想法——個人需要。唯有釐清個人需要，才有機會針對需要去開拓更多不同的發展空間，而又不會偏離初衷，讓青年能更靈活地走出自己的道路並感到滿足。因此針對升學及就業，並承接搜集、分析及運用資訊的部份，透過運用由本團隊設計的「職業憧憬卡」這套工具，協助學生探索個人對未來工作的憧憬及個人需要，從個人需要的角度出發，構想未來，以及作為選科時考慮的因素。

抉擇力

　　學生探索完外在環境及內在需要後，「生活世界設計」課程便會帶領他們從第三個角度，探索高中科目的抉擇，就是「生活世界設計」所強調的個人性格特質及能力部份。例如，透過課程活動「尋人啟示（學術能力篇）」去引導學生認識自身的能力及興趣，以此作為高中科目抉擇時的另一考慮因素。最後，結合三節課程設計，訓練學生搜集資訊，以及學習從多角度去分析資訊及數據，釐清個人需要，繼而作出有效抉擇。

❖ 資訊管理及應用主題活動：偵探遊戲

目的：提升學生的資訊管理及應用能力

📋 內容及形式

- 👥 人數：4-6 人一組
- 🕐 需時：20-30 分鐘
- ◆ 物資：故事背景資訊、角色卡、A5 白紙、筆
- ▶ 玩法：

1. 活動中，每組要扮演不同的人物角色，共同去面對一宗撲朔迷離的疑團，並在時限內通過搜集和分析資訊，推理出完整的故事及背後的策劃者 / 兇手，而策劃者 / 兇手會隱藏自己的身份。

2. 活動開始前，每組需抽取一張角色卡（附件四），而每張角色卡都是獨一無二的。角色卡上會註明該角色的個人基本資料及案發當日的行蹤，並且只可由抽取的組別閱讀。

3. 各組別完成抽取角色卡後，工作員會提供故事背景資訊（附件五）予學生。

4. 第一輪活動，各組別需簡單交代自己的身份，並可向任何其他組別角色提問兩次，策劃者／兇手可以說謊，而其他學生必須如實作答。

5. 第一輪提問環節結束後，會有 5 分鐘的內部討論環節，學生可以針對手上的資訊進行分析及推理。

6. 討論環節後，各組別仍有最後兩次提問機會。

7. 第二輪提問環節結束後，會有 3 分鐘公開討論時間，各組別可以自由參與討論或共享資訊來進行分析及推理。

8. 之後每組需要在 3 分鐘內推理出完整的故事及背後的策劃者。

9. 如果未能有 3 組或以上的組別成功推理出背後的策劃者，那麼背後的策劃者便獲勝。

📋 介入技巧經驗分享

- 由於有多輪的提問及討論環節，工作員可按需要加長或縮短相關時間。

- 建議工作員事前預備不同難度的故事，以配合學生的能力及程度。

- 建議工作員可以在第一輪提問環節多加引導學生如何發問；待學生掌握相關技巧後，工作員便可讓學生自己主導。

- 在討論環節，若有組別偏離活動方向，工作員應協助學生返回焦點。

📋 程序功能及解說範例

- 引導學生思考活動過程中的行動，從而深化資訊管理及應用能力：

  1. 在提問的過程中你成功獲取想要的資訊嗎？

  2. 在提問的過程中有甚麼困難？

  3. 收集不同的資訊後，你會如何處理？

附件四：角色卡參考

● 陳大文

　　身份：大學四年級生

　　性別：男性

　　年齡：23 歲

　　人物關係：李小明、詩詩（同讀真理小學 2B 班的青梅竹馬）

　　行蹤：

　　昨晚 22:00 接到李小明的電話

　　昨晚 23:00 電話邀約詩詩於今天 11:00 前往真理小學

　　今早 08:30 再接到李小明的電話

　　今早 10:00 攜帶一個黑色大背包出門

　　今午 12:30 與詩詩共同前往真理小學，並於 13:30 到達真理小學

　　今午 15:30 獨自與李小明見面，並把背包交給李小明

　　今午 16:00 看見一男一女多次進出 2B 課室

　　傍晚 18:00 與詩詩共同前往 2B 課室，身上背著一斜揹袋

附件五：故事背景資訊參考

➤ 傍晚 18:00，在座 6 位角色置身於真理小學的 2B 課室內，班房內沒有甚麼特別，除了黑板上用粉紅色粉筆寫著「到了你實踐諾言的時候了」。

❖ 自我認識（個人價值觀）主題活動：
職業卡拍賣——探索及釐清需要

目的：引導學生發掘及認識自己所重視的個人價值觀

📋 內容及形式

- ☻ 人數：個人形式
- 🕐 需時：15–20 分鐘
- ◈ 物資：職業憧憬卡
- ▶ 玩法：

1. 每位學生隨機獲發 3–5 張「職業憧憬卡」（附件六），工作員手上亦同時有一系列的「職業憧憬卡」供競投。

2. 工作員逐一朗讀手上的卡牌內容，如學生認為工作員手上的卡牌是自己所重視的職業，可舉手競投。成功投得卡牌的學生，需以手上的一張卡牌作交換。

3. 如有多於一位學生競投一張卡牌時，工作員可邀請學生解釋此卡牌對自己的重要性，解釋較佳者可成功投得該卡牌。

4. 每輪競投一張卡牌，約共 10 輪，整個活動完結後，邀請學生分組分享對自己最重要的卡牌，或由工作員訪問個別學生。

🔝 介入技巧經驗分享

- 工作員可先挑選較吸引或學生一般較重視的卡牌供競投，以推動學生積極參與。

- 工作員可選擇較多學生競投的卡牌，在解說環節進一步討論；同時，工作員亦需留意少人競爭或只有一位學生競投的卡牌，並邀請相關學生分享。

- 工作員亦可將解說或分享環節，結合在競投環節當中。

📋 程序功能及解說範例

● 透過職業卡引導學生思考他們的內在需要，引導學生思考可尋找不同的職業去滿足同一個需要或意義：

1. 對你來說，這張卡背後有甚麼意義？
2. 在競投卡牌的過程中，哪些卡令你感到掙扎？為甚麼？
3. 擁有卡牌上的職業條件，為你帶來甚麼感覺？缺乏這卡牌的話，又會如何？
4. 哪一張卡牌對你來說最重要？有哪些職業可滿足這條件/需要？

⇄ 程序變化

● 若學生人數眾多，可以 2-4 人一組的形式進行拍賣。

附件六：職業憧憬卡

高薪 High Salary	能夠團隊合作 Work with Team
與運動有關 Related to Sports	在辦公室工作 Work in Office
需要頻密搭飛機 Could Take Flight Often	能夠探索未知 Could Explore the Unknown
在戶外工作 Work Outdoor	準時收工 Off Work on Time

講求效率 Require Efficiency	有規律的工作 Regular Work Style
能夠運用口才 Require Eloquence	能夠娛樂別人 Entertain Others
能夠為社會帶來貢獻 Contribute to the Society	需要處理危機 Need to Handle Crisis
接觸機械性事物 Contact and Utilize Machine	與科學有關 Related to Science
需要細心觀察 Require Detail Observation	有佣金 Gain Commissions
爭取社會公義 Fight for Social Justice	提升知名度 Increase Popularity
工作內容重複性高 Repetitive Work	需要處理行政及文書 Administration and Documentation Work
需要處理很多數字 Numerical Work	同事之間無須競爭 No Need to Compete with Others

需要進行買賣 Trade Often	在空中工作 Work on Air
在海上工作 Work on / in the Sea	要服從指令 Require Obedience
組織各種人和事 Coordinate Different Resources and People	用文字感動人 Motivate Others by Text
使用外語 Use Foreign Languages	長時間累積成果 Accumulate Long-Term Result
短期看見成效 Gain Result Shortly	彈性工作時間 Flexible Working Time
穩定工作時間 Stable Working Time	較多獨自工作 Work Alone
會遇到很多新的挑戰 Work with Challenges	只需要按照指引工作 Work according to Instructions
照顧他人 Provide Care to Others	工作與生活平衡 Work-life Balance

和音樂有關的 Related to Music	和宗教有關的 Related to Religion
和政治有關的 Related to Politics	多假期 Many Holidays
工作地點鄰近住所 Workplace Near to Home Place	完全不需要與人接觸的 Need Not Contact with People
能夠與人接觸的 Could Keep Contact with People	需要運用創意的 Need Creativity
獨立自主 Autonomous	有意義的 Meaningful
有社會地位和聲望 Gain Prestige and Fame	利他、幫助別人 Altruistic and Help Others
需要持續學習 Require Long-term Learning or Study	可以享受美食 Could Enjoy Delicious Food
接近大自然 Close with Nature	需要冒險 Adventurous

只需要小量溝通 Require Little Communication	藝術性高 Artistic
有醫療保險 Medical Insurance	需要輪班 Shift Working
在夜間工作 Work Overnight	勞動性工作 Physical Effort
專業 Professional	良好晉升階梯 Good Prospect
能夠影響他人 Influential	群體工作 Work in Groups
能夠展現領導能力 Leadership Work	具備分析及抉擇力 Require Analysis and Decision Making Ability
需與動物接觸 Contact with Animals	需要聆聽他人 Require Active Listening to Others
需要強大的人際網絡 Require Large Social Network	工作地點不定 Irregular Working Place

❖ 抉擇力與多項應變思維主題活動：尋人啟示（學術能力篇）

目的：發掘學生的個人能力及興趣，以作為他們面對高中選科時的考慮

📋 內容及形式

- ☻ 人數：4–6 人一組
- 🕐 需時：20–30 分鐘
- ◆ 物資：能力 / 興趣評分紙
- ▶ 玩法：

第一部份：尋人啟示（學術能力篇）

1. 工作員準備不同題目的任務，讓學生去完成，而每組學生就每一個任務輪流派一位組員接受挑戰，最接近任務要求的組別勝出。

2. 每個任務題目都分別與不同學術能力相關，例如記憶力最強、最精準（數學）、最豐富（中文詞彙）、最具創意（畫畫）等。

第二部份：能力 / 興趣評分紙

1. 每位學生獲發一張「能力 / 興趣評分紙」，當中記錄不同學科需具備的能力（如：記憶力、分析力、數理能力、英文能力等），以及不同學科的主題（如：中史科的傳統文化、政策、國史等）；學生則按對自己的認識，為不同學科能力評分，以及剔選自己感興趣的學科主題，作選科的參考。

2. 其後，學生獲發「能力 / 興趣評分對應紙」（附件七），學生可以參考個人的「能力 / 興趣評分紙」，並把自己揀選的能力及興趣對照「能力 / 興趣評分對應紙」，從而了解不同的興趣及能力能夠匹配的高中學科，同時「能力 / 興趣評分對應紙」會提供不同高中選修科延伸至大學學科或工種的趨勢資訊。

↑ 介入的經驗分享

● 任務題目必須簡單有趣，同時與不同學科所需能力有關，以增加學生參與的動力，以及整體氣氛。

● 每輪的挑戰任務應由不同組員承擔，如果組員人數少於任務數目，便可重複出賽。

● 在挑戰任務途中，工作員應鼓勵其他學生留意挑戰者的表現，以助後續解説部份能更凸顯出各個學生的能力和特質：

☰ 程序功能及解說範例

● 工作員須讓學生認識能力和特質的分別，使他們更認識自己，並鼓勵學生繼續發掘及建立更多方面的能力和特質：

　1. 該任務中，你留意學生曾運用哪些能力或特質？

　2. 平時你是否注意自己 / 別人有這些能力或特質嗎？

　3. 除了興趣、個人能力外，還有哪些因素你認為應該考慮？

　4. 在興趣、個人能力、前路或他人意見中，你較看重哪項？為甚麼？

附件七：能力 / 興趣評分對應紙

學習內容	高中學科
大自然現象、環境、自然災害等議題	地理、生物
世界各國從前發生的事件	世界歷史
中國傳統文化、文字、朝代故事	中國文學、中國歷史
人類和生物的內在結構、變化	生物、體育
不同物質的構成、特性和相互反應等	化學
社會商業市場的變化、人類的消費模式	經濟

強項／擁有的能力	高中學科
牢記專有的英文詞彙	地理、生物
善於文字創作	中國文學
能把想法透過圖像表達	視覺藝術、地理
能理解抽象的數字組合和概念	數學 M2、數學 M1
善於分類及處理數字	企業、會計與財務概論
能掌握時間的脈絡並牢記不同事件	中國歷史、世界歷史

實務智慧（初中篇）

對中一學生來說，數月之前仍是小學生，而中二及中三學生性格都比較率直、天真而好動，活動設計方面必須配合他們的特性，每節都要預備最少一至兩項互動及動態性遊戲或活動。

除了互動性遊戲或活動外，還需要有一些反思性活動，讓學生吸收活動的主題。由於中一與中二學生的年紀較輕，設計活動時，活動目標必須切合他們的水平，太深奧的主題，可以選擇分成數個小目標或數節的主題進行，以帶出活動的訊息，避免因急於求成，造成揠苗助長的情況。而中三課程，主要是訓練學生的抉擇力、批判性思考、資訊管理及應用，難免會提供一些較深奧及他們未曾涉獵過的資訊，以擴闊他們的眼界。但活動設計及工作員帶領活動時，仍需按不同學校學生的程度，給予不同深淺的資訊，亦可加入有趣的冷知識，以增加學生的動力及好奇心，或由淺入深，讓學生有時間及空間接收和消化這些資訊。

活動過程中，工作員必須留意氣氛的鋪排，即使每節活動都有

遊戲及反思部份，但仍要營造不同的氣氛，例如遊戲或互動環節，工作員須盡量保持精力充沛的聲線及狀態去帶領活動，這有助營造氣氛，並讓學生更投入活動。對學生而言，有趣的活動及充滿熱情的工作員，能讓他們投入其中。然而，在反思部份或工作員做解說的時候，工作員須有意識地抓住學生的專注力，例如有意地減慢語速及改變聲線，讓學生從興奮的遊戲活動後安靜下來，專注於反思時間。

中四級「生活世界設計」課程

青少年進入高中階段後，思想及性格會更為成熟，對未來的憧憬及計劃亦更有方向性，而且比較實際，因此這課程是幫助他們設計未來生活世界的起步點。中四級「生活世界設計」課程主要帶領學生探索內在需要，從內在想法出發，繼續透過訓練他們的批判性思考，並配合「多項應變思維」，以訂立對應自己需要的目標，然後制定行動計劃。

探索及釐清需要

中四級「生活世界設計」課程會以介紹需要的概念作出發點，透過學生日常生活中會做的事情或感興趣的活動作引入，由淺入深地介紹需要的概念，從而引導學生透過分析自己的行為、想法及興趣等來發掘自己的內在需要。

需要是每個人的內在感受，也涉及自己的想法，對於仍處於探索階段的青少年而言，了解自己的需要有一定的難度。為了讓學生更容易理解需要的概念，甚至成為其日常抉擇時的考慮因素，課程

會根據這個主題去進行「人生大拍賣」活動，同時帶領學生再向前行，除了探索個人內在需要以外，還會引導他們去描繪憧憬的未來生活。活動過程中，工作員會將現實可能面對的矛盾及抉擇，帶到學生面前，以便讓他們進一步釐清個人需要。

多項應變思維

認識需要的概念後，便能推動學生踏前一步，訂立屬於自己的方向或目標。然而，不少青少年之所以固步自封，是因為他們對自己缺乏信心，認為自己無法成功、沒有能力、毫無希望，這樣自然對未來沒有想法和目標。因此透過「真人圖書館——成功篇」的活動，打破學生對「成功」所抱持的傳統觀念和框架，不再以單一角度看待成功，鼓勵他們針對自己的需要，配合多項應變思維，訂立屬於自己的「成功」人生。

學生普遍慣性地使用線性思維去審視或規劃未來的人生，把未來的可能性以單一的角度或元素作簡單的歸納，認為只要滿足一項條件，必然會得出期望的結果，但忽視了其他能開拓或影響人生路徑的變項。多項應變思維提倡把事件的不同變項納入考慮，並為各種的可能性做好準備，即使是同樣的目標，也可用不同的方法和策略去完成。因此透過課程的活動，讓學生學會以多項應變思維去重新定義「成功」，並計劃個人未來的發展路向。

❖ 探索及釐清需要主題活動：行為需要大配對

目的：讓學生認識需要的概念，從而能更進一步地探索及釐清個人需要

▤ 內容及形式

◉ 人數：個人形式

◷ 需時：20 分鐘

◆ 物資：「行為卡」、「需要卡」

▶ 玩法：

第一部份：個案需要大搜查

1. 工作員可搜集最近熱門或著名人物的一些事跡及影片，作個案分析之用，透過事件及個案想法或行為，分析人物的內在需要，從而介紹「需要」的概念，並帶出每個行為背後都反映個人的內在需要。

2. 影片或個案例子：2015 年本地 YouTuber Ming 仔進行其人生清單項目、2020 年 10 月三名中學生划獨木舟上學。

第二部份：行為需要大配對

1. 整套卡牌分別有 30 張「行為卡」及 40 張「需要卡」（附件八）；工作員先在黑板上貼上 30 張「行為卡」。

2. 將「需要卡」派發予每一位學生。然後學生用約十秒思考一下黑板上的行為滿足甚麼需要，並把「需要卡」貼在相應「行為卡」的下方。

3. 完成後，工作員可逐一為「行為卡」作解說，並了解每位學生配對需要時的想法，以及審視學生對需要概念的理解程度。

⬆ 介入技巧經驗分享

- 建議個案需要大搜查活動中所揀選的人物盡量貼近學生的年紀，以及事件具破格性，才能容易引起共鳴及吸引學生的注意力。
- 行為需要配對沒有既定的答案，工作員應側重於審視學生對需要概念的理解，以及他們怎樣解構行為背後有何需要。
- 工作員可利用馬思洛（Abraham Maslow）的「需求層次理論」來向學生介紹需要概念，但在知行易徑框架下，需要並無高低之分。

▤ 解說範例

- 引導學生反思行為背後反映個人的需要以及重視的價值：
  1. 為甚麼他（影片中的人物）要這樣做（行為）？
  2. 這件事（行為）對他來說有甚麼意義？
  3. （行為）完成後會有甚麼影響／結果？
  4. （行為）完成後會有甚麼感受？
- 引導學生反思一種行為亦可滿足個人不同的需要。
- 進一步引導學生思考個人重視的需要能否由其他「選擇」來滿足。

⇄ 程序變化

- 視乎學生人數，可以直行分組形式進行活動。
- 如以直行分組形式，可進行接力賽，由每行第一位學生先貼，再輪到第二位學生，如此類推。
- 如活動時間許可，建議進行「行為需要大配對」前準備一些個案分析，讓所有學生就同一人物及事件，分析其行為及想法背後的需要，作為介紹「需要」概念的例子。

附件八：「需要卡」、「行為卡」配對

需要（Needs）	行為（Behaviour）
Sense of security 安全感	Move out to live by yourself 搬出來自己住
Intimacy 親密感	Get lots of friends 好多朋友
Sense of competence 能力感	Boyfriend/ Girlfriend 男 / 女朋友
Being loved 被愛	Become a professional 成為專業人士
Companion 陪伴	Have a wealthy partner 有個有錢伴侶
Satisfaction 滿足感	Buy luxury items 買名牌
Sense of freshness 新鮮感	Buy a sport car 買跑車
Happiness 快樂	Do the job you want 做自己想做的工作
Excitement 刺激	Have a house 有樓

Sense of superiority 優越感	Be a billionaire 成為億萬富翁
Freedom 自由	Have a high-paid job 有份高薪的工作
Sense of achievement 成就感	Travel around the world 環遊世界
Sense of uniqueness 獨特感	Get a good academic result 考好成績
Rest 休息	Get married 結婚
Physical needs 生理需要	Have close friend(s) 有知己
Sense of connection 連繫感	Have close family 同家人關係親密
Sense of control 掌控感	Entertainment / fun 娛樂（玩）
Curiosity 好奇心	Stable job 工作穩定
Sense of belonging 歸屬感	Quit the job 不工作

Sense of recognition 認同感	Do what you like 做自己喜歡做的事
Physical comfort 身體舒適	Travel alone 自己去旅行
Self-recognition 自我認同感	Work hard to save money 努力工作儲錢
Self-esteem 自尊	Win a competition 贏比賽
Being accepted 被接納	Skydiving 高空跳傘
Autonomy 自主	Explore an unknown place 去未知的地方探險
Self-actualization 自我實現	Relax 迤
Mental satisfaction 精神滿足	Enjoy delicious food 品嘗美食
Meaningfulness 有意義	Photo shooting in tourist attractions 打卡
Personal space 個人空間	Be a fan of someone 追星
Sense of direction 方向感	Dress up 扮靚

❖ 探索及釐清需要主題活動：人生大拍賣

目的：引導學生構想未來憧憬的人生，從而探索及釐清個人內在需要

📋 內容及形式

● 人數：2-4 人一組

🕐 需時：20-30 分鐘

◆ 物資：時間券、人生項目卡

▶ 玩法：

1. 每組獲發 40 張時間券（一張代表 2 年時間，共 80 年時間）

2. 請學生幻想自己如何度過 80 年的人生，包括感情生活、個人成就及物質生活等等會達至怎樣的生活模式或模樣，但謹記當時間券全部消耗後，也意味著人生的結束。

3. 學生需運用時間券競投人生不同階段的項目（附件九），包括：學業、家庭生活、居住環境、工作、退休生活等等，而每個階段當中，分別有三項不同的選擇，以家庭生活為例，可分為一人生活、二人世界、成家立室。

4. 每個人生項目的時間券底價都不一樣，如 4 年、10 年等，每次競投需舉手示意，並說出願意付出的時間券額度，最後以價高者得。

🔲 介入技巧經驗分享

● 如以小組形式進行活動，工作員可事先給予每組一張項目清單，讓學生先商討如何分配手上的時間券於不同的人生項目中。

● 工作員可先挑選較吸引或學生一般較重視的項目供競投，以推動學生積極參與。

● 設計拍賣的人生項目時，應盡量貼近學生的偏好，以推動學生積極

參與。

● 人生項目時間券的底價，應基於現實考慮作調整，以增加活動的真實感，及促進學生在當中的反思。

▤ 程序功能及解說範例

● 一些較多學生競投的項目或有學生特別堅持的項目，可抽取作解說，即時訪問學生的想法，並從中發掘競投該項目背後的需要，同一項目對不同人而言亦可能反映不同的需要：

1. 他們競投或不競投的原因是甚麼？

2. 剩下的時間卷有多少？估計足夠應付接下來的項目競投嗎？

3. 若拍賣結果是真實人生，他們滿意嗎？為甚麼？

4. 他們的拍賣結果與預期一致嗎？有甚麼不同？

5. 拍賣時，他們有調整過他們的計劃嗎？為甚麼？

● 工作員可留意在有限的時間券中，學生所作出的取捨能反映他們的需要。

⇄ 程序變化

● 視乎學生人數，可以個人形式進行。

附件九：人生拍賣項目參考

- 財富狀況
  - 千萬家財：10 年
  - 夠錢花費並儲到少量金錢：2 年
  - 足夠起居生活：0 年
- 工作狀況
  - 能把興趣變成工作：10 年
  - 創業成為老闆：10 年
  - 能賺很多錢的工作：15 年
  - 穩定工作：3 年
- 住屋選擇
  - 豪宅：10 年
  - 私人物業：8 年
  - 公共屋邨：4 年
- 家庭狀況
  - 一個人生活：0 年
  - 與父母生活：5 年
  - 二人世界：8 年
  - 成家立室有子女：15 年
- 社交生活
  - 交遊廣闊：6 年
  - 有幾個志趣相投的朋友：6 年
  - 有幾個知己：6 年
- 休閒生活
  - 1 星期有 1 日迤（慵懶的意思）：0 年
  - 1 年可以去 3 次旅行：5 年
  - 有錢和時間可以瘋狂做自己喜歡的事：7 年

❖ 多項應變思維主題活動：真人圖書館——成功篇

目的：透過工作員的分享，讓學生了解人生由不同部份組成，同時會
　　　受不同因素影響

📋 內容及形式

- 👥 人數：不限
- 🕐 需時：15–20 分鐘
- ◆◆ 物資：反思工作紙
- ▶ 玩法：

第一部份：真人圖書館

1. 邀請一位嘉賓或工作員分享個人真實經歷，然後向學生分享對成功
   的定義（可按不同範疇作分享主題，例：個人、家庭、愛情、朋
   友、事業、學業等等）

第二部份：反思工作紙

1. 每位學生獲發一張反思工作紙，記錄他們在參與「真人圖書館」活
   動後的個人得著和對成功的定義，以及未來想達到的目標或方向。
2. 工作員可引導學生反思自己在不同範疇的成功經驗，以及成功對他
   們的意義。

👆 介入技巧經驗分享

- 分享過程中，工作員可用簡報輔以圖片及影片解說，以吸引學生的
  注意力，令分享內容更深刻。
- 為增加真人圖書館環節的趣味性，並引起學生的共鳴，建議分享的
  內容應盡量貼近學生的生活及青少年感興趣的主題。
- 分享過程中，工作員可向學生提問，以增加學生的參與度，以及雙

方之間的互動；用字用詞方面，可揀選青少年的口頭禪。

● 為了減少學生「工作紙」的刻板印象，建議在工作紙的設計上多花工夫，色彩繽紛會較吸引。

📋 程序功能及解說範例

● 每個人對成功的定義都不一樣，可鼓勵學生思考自己成功的方程式，明白自己有能力掌控自己的生活世界，從而推動他們計劃未來的方向，甚至訂立目標，以及提升他們的執行力。

⇄ 程序變化

● 如人手及時間許可，「真人圖書館」可邀請兩至三位分享嘉賓，分別就不同主題作分享，這樣不單可讓學生從多角度定義屬於自己的成功，還能讓他們選擇想了解的主題，以增加參與度及投入度。

❖ 大型活動 iLike 模擬人生
——抉擇力、執行力、時間管理、社會意識與責任

目的：帶領學生構想未來的人生，並體驗一次自己計劃的人生之旅

📋 內容及形式

☻ 人數：無特定人數，但需按人數去安排一定數量的攤位

🕐 需時：120 分鐘

◆ 物資：模擬人生記錄紙、筆、各攤位所需物資

▶ 玩法：

1. 每位學生需自行決定自己的一生（活動時間）如何度過，並透過不同的攤位活動去模擬體驗人生中各種不同的經歷，如工作、娛樂及

戀愛等等。

2. 學生先獲發一張模擬人生記錄紙，當中記錄活動中的不同人生範疇。學生須在活動開始前挑選其中一個人生範疇，並寫下自己對於該範疇的期望作為目標。

3. 每一個攤位均準備不同的挑戰遊戲（附件十），而遊戲內容須與攤位主題及不同人生範疇有關，每完成一個挑戰則記錄在記錄紙上。

4. 各攤位的活動皆有機會提升模擬人生記錄紙中的「社會關心」程度，而學生需主動發掘，以形成對社會與責任的關注意識。

5. 過程中，工作員定時報時（人生的時間流逝），而學生需自己分配時間去完成自己想參與的攤位活動。

🆃 介入技巧經驗分享

● 活動攤位數量必須足夠容納所有學生，確保不會有學生因攤位沒有空缺而無所事事。

● 為令活動順利進行，建議活動場地可一次容納所有攤位及學生，好讓工作員能一邊留意時間，一邊觀察學生的參與。

● 建議每個攤位的任務時間相若，以便學生在相近時間完成後再揀可參與的攤位。

● 遊走觀察和揀選不同攤位時步伐進展相同，而且建議大部份攤位為集體活動，以便應付大量人數。

● 為增加整個活動的真實度，建議可準備真實的物資，例如會計行業必須具備計算機、醫護行業可準備醫生袍或護士帽、婚姻註冊處需準備結婚誓詞及戒指等。

📋 程序功能及解說範例

● 活動完結後，學生可分成小組或班組進行反思及解說：

1. 分享你最初的模擬人生目標及最終的結果。

2. 活動過程中，你曾改變計劃嗎？為甚麼？

3. 你對自己的模擬人生有甚麼感覺或看法？

4. 如果人生可以重來一次，哪些部份你希望跟從你的模擬人生經歷？哪些不想？為甚麼？

⇄ 程序變化

● 活動以不同攤位組成，但數量及主題都可以按學生特性及學校期望而有修訂，建議當中包括不同學歷程度、不同職業或工種、娛樂區、人際關係區、婚姻註冊所、投資區等，以增加活動的多樣性、趣味性及真實性。

附件十：攤位活動參考

● 學業
  ■ 學生需在 10 分鐘內完成模擬試卷，若獲得 50 分便算合格，並獲中學畢業資格，若獲得 80 分可獲大專畢業資格。

● 工作
  ■ 會計師：參加者需完成以下任務：
    ◆ 用計數機計算出題目的正確答案；
    ◆ 找出圖片所示文件內的錯處。
  ■ 服務性行業
    ◆ 參加者需完成下單訓練，如成功寫下客戶的要求。

● 人際關係
  ■ 朋友：兩位參加者合力挑戰「大電視」活動，並在 5 分鐘內成功猜出 5 題答案。

中五級「生活世界設計」課程

中四學生已認識了需要的概念，並且訂立屬於自己的方向，中五學生則可進入知行易徑的下一個步驟——認識自己的獨特性（需境特量〔N3C〕），從而裝備自己，設計一套適合自己的行動計劃，延續中四級所訓練的行動力。在設計行動計劃時，除了讓學生認識自己的獨特性外，還需讓他們透過合作性活動，認識「可轉移技能」及「SWOT」概念，提升他們的多項應變思維、靈活性、適應力和批判性思考，以迎接未來千變萬化的升學或就業環境，藉此培養自我解難的能力。

除了課堂活動外，中五級「生活世界設計」課程亦包括一項大型活動，當中以呈現未來職場世界為主軸，並介紹不同軟技能予學生認識，包括解決問題能力、抉擇力、創意與創造力及情緒智商等，讓他們更能適應未來的職場世界。

需境特量分析力

中五學生即將面對公開試，然後離開中學這個安舒區。中五級「生活世界設計」課程會由淺入深，讓學生先從自身出發，對自己認識更多，並更有方向地向前行。學生透過活動發掘自身的需要、處境、特質及能力，再配合具體、實際的升學技巧和工具，例如履歷表等，將自己的需要、處境、特質及力量（需境特量）運用於未來的計劃之中，當中亦使用「SWOT」技巧，分析處境對自身帶來的影響，並審視計劃的可行性，以進行「知行易徑」的另一個步驟——修正及改良，這樣有助青少年進一步邁向自己的目標，於升學或就業的路上便更有信心。

靈活性

「生活世界設計」相信世界是千變萬化的，因此活動強調對未來計劃的靈活性，以應對不同的轉變。當青少年開始認識「3C」的概念，並更了解自己的獨特性後，課程便會進一步向他們介紹「可轉移技能」。透過課堂例子和互動性活動，學生面對轉變時就能發掘「可轉移技能」，幫助他們應對新的環境，從而提升靈活性。

多項應變思維

中五級課程的所有技巧，均環環相扣，而學生從課堂中認識「需境特量」，能裝備自己應對未來的轉變，亦可訓練他們的多項應變思維，讓他們理解只要掌握自己的需要後，便能選擇不同的路線，同時配合自己的特質、力量和處境，學習發掘不同的「方案」，從不同角度訂立目標，然後設計前路。

❖ 需境特量分析主題活動：我的 3CV

目的：發掘學生的需境特量

📋 內容及形式

- ☻ 人數：個人形式
- 🕐 需時：30–40 分鐘
- ◆ 物資：簡介 3C 概念簡報、案例影片、3C 記錄紙、3C 詞語貼紙（附件十一）及非凡履歷表（附件十二）
- ▶ 玩法：

第一部份：3C 互動貼一貼

1.透過影片及簡報，先解說處境（Circumstance）、特質

（Characteristic）及力量（Capacity）的概念，再與學生一起探討影片主角在這三個方面的內容，可用互動形式進行，以加深學生的認識。

2. 每位學生獲派一張個人 3C 記錄紙，和一張與特質、能力及處境相關的形容詞貼紙，各人可於指定時間內，把貼紙貼在他認為符合該形容詞的學生的記錄紙上。

第二部份：非凡履歷

1. 每位學生獲發一張履歷表範本，然後填上基本個人資料、教育程度、特別經歷等等，再根據第一部份的互動體驗活動及過往經歷，填寫有關特質、力量及處境的部份。

🔝 介入技巧經驗分享

第一部份：3C 互動貼一貼

● 工作員在簡介 3C 概念時，可加入有趣的影片及圖片，以提升活動的趣味性，並增加學生的投入度和專注度。

● 如時間許可，活動後工作員可邀請學生分享他們收到相關形容詞的看法，同時訪問學生給予貼紙的原因，並說明該特質的具體事例等。

● 工作員需提醒學生將貼紙貼於記錄紙上，而非其他位置，以免造成不便或弄髒場地。

第二部份：非凡履歷

● 學生需針對自身處境，簡介自己如何運用個人的特質及力量，以達至要求。當中內容需扣連學生個人現有或過往的經歷，並分析優勢處境，以完成個人的履歷表。

- 透過履歷表，促使學生加深認識自我，並學習如何展示自己的優點，為未來作具體的準備。
- 履歷表範本方面，工作員須按不同學校學生的程度，給予不同的指示，例如以列點或傳統形式，記錄學生過往的經歷；以列點形式或短文形式，要求學生記錄自己的特質、力量及處境等。
- 建議準備一份已填寫的履歷表範例於簡報中展示，讓學生更容易理解如何填寫。

程序功能及解說範例

- 讓學生認識力量、特質和處境的分別，提升他們從多角度去認識自己，從而更有效地介紹自己。
- 工作員可強調每個人的獨特性，學生或許未必認同其他人對自己的評價；同時讓學生了解每個人都有自身的盲點，鼓勵學生接受他人的評價，繼續發掘自己未被認識的一面。
- 力量非固定不變，而是可持續裝備的部份；工作員可透過履歷表，鼓勵學生多參與活動去經歷不同的情況，以發展更多不同的能力。

程序變化

- 履歷表的設計及詳略程度，可按不同學校的風格及學生的特性而修訂。

附件十一：3C 詞語貼紙

力量			特質		
解難能力	語文能力	表達能力	幽默的	有勇氣的	勤勉的
情緒管理能力	溝通能力	邏輯思維能力	小心謹慎的	浪漫的	溫文和藹的
合作能力	運動能力	時間管理能力	關顧他人的	具創意的	負責任的
分析能力	創意能力	應變力	堅毅的	具同情心的	聰明的
記憶力	數理 / 運算能力	組織能力	可信任的	有活力的	體貼的
領導力	適應力	遊說能力	大方 / 不計較的	隨和的	積極主動的
口才好			反應敏銳的	謙虛的	樂觀的

附件十二：非凡履歷

姓名：	
班別及學號：	
未來目標（一年內／中學期間）：	
過往經歷（由近至遠排序）：	
1.	（MM/YY）
2.	（MM/YY）
3.	（MM/YY）
個人特質及力量： ● ● ●	
現時處境：	

✛ 靈活性主題活動：轉移吧！技能

目的：引導學生從多角度去思考問題，並提升處事的靈活性

📋 內容及形式

☻ 人數：每組不多於 6 名學生

🕐 需時：約 30 分鐘（視乎組的數量）

◆ 物資：簡介「軟性／硬性技能」及「可轉移技能」概念的簡報或影片；每組一張 A3 白紙、水筆、印有一位名人背景資料的單張

▶ 玩法：

1. 先透過影片及簡報，向學生解說「軟性／硬性技能」及「可轉移技能」的概念。

2. 分組進行活動，每組學生獲發一張 A3 紙及一枝水筆，並隨機分配一位名人角色（附件十三），假設他失業，並與另一位「失業名人」爭取同一份職位空缺。各組可用 10 分鐘討論獲分配角色的「軟性／硬性技能」，並思考如何運用在新的工作上（可轉移技能）。

3. 討論完畢後，每組需輪流向全班介紹其名人角色的「軟性／硬性技能」及「可轉移技能」，並進行拉票。

4. 當兩個組別爭取同一職位，各組別介紹完畢後，其他組別需投票予他們認為較有說服力的一組，得票最高的組別將勝出，獲得聘用。

🖌 介入技巧經驗分享

● 工作員可在簡介期間，加入有趣的影片及圖片，以提升活動的趣味性，並增加學生的投入度和專注度。

● 工作員需留意當下潮流趨勢，揀選青少年認識而且感興趣的名人作「失業名人」的選擇，以提升他們的參與度，並營造積極的氣氛。

● 建議名人角色最好來自不同工作範疇，以增加技能的多樣性，避免

出現技能集中於某幾類的情況。

- 工作員選定工作空缺時，所設計的行業應與原先職業互不相干，同時所需的技能亦配合名人角色。

- 工作員可按不同學校學生的程度，決定是否需於每位「失業名人」的 A3 記錄紙上，加上 1–2 項「軟／硬技能」作參考例子，以刺激學生思考。

- 建議每組只介紹一至兩個重點「可轉移技能」，以保持活動的緊密節奏，避免出現冷場；工作員亦可按需要設定時限，以增加難度。

程序功能及解說範例

- 工作員可於學生報告時，引導學生分析「失業名人」的技能如何應對新工作：

  1. 應徵的職位要求甚麼技能？
  2.「失業名人」有甚麼軟技能？
  3.「失業名人」原本職業中涉及甚麼硬技能？

程序變化

-「失業名人」也可採用動漫或歷史人物作討論角色，主要考慮是學生對角色的認識有多少，以及角色的趣味性和吸引力。

附件十三：名人資訊例子

Lisa (Black Pink)

- 過往經驗：歌手、舞者、模特兒
- 硬技能：精通多國語言、舞蹈精湛、歌聲甜美
- 軟技能：社交能力強

❖ 多項應變思維主題活動：小目標大計劃！

目的：引導學生從不同角度思量所訂的目標，並以 SWOT 去評估及
調整

📋 內容及形式

● 人數：個人形式

🕐 需時：30–40 分鐘

◆ 物資：「SWOT 大計」工作紙

▶ 玩法：

第一部份：真人圖書館——需要／目標篇

1. 邀請一位嘉賓或工作員分享個人訂立真實目標的經歷，展示如何從
   困難及所面對的問題中，發現自己的需要，並確立目標，從而讓學
   生具體地認識「應變式學習」。而在分享過程中，亦強調考慮個人
   的需要、力量、特質及處境，以發掘實踐目標的方法。

第二部份：SWOT 大計

1. 讓學生認識強弱危機分析（SWOT Analysis），包括內在的強項
   （Strength，即第一節提及的力量及特質）及弱項（Weaknesses）；
   外在機會（Opportunities）及威脅（Threats）。

2. 每位學生獲發一張「SWOT 大計」工作紙，並根據工作紙上的指
   示，為自己訂立目標，以及反思個人力量、特質和處境等。

🔲 介入技巧經驗分享

第一部份：真人圖書館

● 作為整個高中「生活世界設計」課程的最後一節，真人圖書館的一
  個目標，是總結過往所學到的概念。

- 分享過程中，工作員可用簡報輔以圖片及影片解說，吸引學生的注意力，令分享內容更深刻。

第二部份：SWOT 大計

- 工作紙上須附有清晰及簡單易明的指示，引導學生訂立目標，例如「想要 / 想做的事」、「內在需要」、「困難 / 遇到的問題」等，再引申至「目標大計」。

- 以 SWOT 概念，設計出達成個人目標的方法，以提升其多項應變思維，同時結合中五級過去兩節的主題。

- 學生填寫是節的反思工作紙並不容易，工作員可根據自己的經歷，先作分享，示範如何完成工作紙。

▤ 程序功能及解說範例

第一部份：真人圖書館

- 工作員須向學生展示目標及計劃乃是從個人的需要出發，透過自身經歷，並動之以情，作為解說技巧及表達活動的主旨。

第二部份：

- 引導學生從 SWOT 去衡量自身目標：

  1. 你有甚麼與目標相關的能力和特質？

  2. 目標要求甚麼能力和特質？當中有哪些是你未有或較弱的部份？

  3. 你會如何提升較弱的部份？

  4. 在你的處境之中，哪些條件有助你達成目標？

  5. 在你的處境之中，哪些是不利於你達成目標的？你會如何應付這些困難？

❖ 大型活動：YouMaker 未來世界體驗活動

目的：讓學生認識「軟技能」概念，並鼓勵他們裝備自己的「軟技能」

📋 內容及形式

☣ 人數：無特定人數，但需按人數去安排一定數量的攤位

🕐 需時：60 分鐘

◆ 物資：視乎每個挑戰當中的遊戲設計而決定物資

▶ 玩法：

1. 學生獲發一張計分表，在整個活動時限內到不同的攤位接受挑戰，並記錄每個挑戰的得分，以體驗自己的「軟技能」。

2. 攤位外觀以各種行業包裝，而主題則是年度最常見及最受市場歡迎的軟技能，例如溝通及協商能力、解決問題及解難能力、抉擇力、創新力和創造力以及情緒智商管理，然而情緒智商管理難以透過活動去體驗及測試，所以會留在活動完結後於學生之間進行互評。

3. 活動完結後，學生統計自己每項軟技能挑戰所得的分數，並於班內進行情緒智商管理互評，然後工作員進行小組解說。

👆 介入技巧經驗分享

● 每個攤位的挑戰內容，主要以訓練學校所指定的能力為目標，例如透過合作溝通活動，測試及提升學生的溝通及協商能力。

● 每個挑戰活動的時限必須一致，讓所有學生能同步參與不同挑戰。而挑戰的次數則視乎總活動時間，建議每人最少進行四輪挑戰，讓學生能盡量體驗多項的技能。

● 需保持活動的趣味性，讓學生能盡量體驗更多的挑戰；遊戲設計要簡單有趣，同時針對不同軟技能。

📋 程序功能及解說範例

● 工作員可透過班別或小組，進行反思及解說，有助深化學生對「軟技能」的認識：

1. 活動中，你最高分和最低分的軟技能是甚麼？
2. 現實生活中，你最高分和最低分的軟技能又是甚麼？
3. 對你來說，最重要的軟技能是甚麼？
4. 你對自己軟技能的程度感到滿意嗎？
5. 你希望提升自己哪些技能？如何提升？

🔁 程序變化

● 活動中所揀選的軟技能，可按每年軟技能排行榜的排序或按學校要求而改動。

中六級「生活世界設計」活動

　　中六學生面對的燃眉之急，是公開試及升學抉擇，當中包括選科、面試及放榜等，對他們而言，這些都是舉足輕重的關卡。為裝備學生應對中學畢業後的前途，中六級「生活世界設計」課程主要希望引導他們將所學到的概念和能力，應用於自身計劃之中，同時更精準地針對眼前的難關及需要。

資訊管理及應用、有效抉擇

　　iMap 模擬放榜體驗活動是透過模擬放榜流程和場景，引領學生一同為放榜作準備，例如引導學生預計自己的成績、以展板呈現升學資訊，過程中應用中三級所習得的資訊管理及應用能力，學生

須自行搜集並分析重要資訊，再針對自己預計的成績去訂立升學目標，以及進行模擬報名程序。與此同時，引導學生應用有效抉擇，為自己選擇最合宜的學科。

有效溝通

中六學生在面對公開試及升學面試的壓力時，已無空間於日常課堂上接受面試的技巧訓練。模擬面試體驗正正透過活動，直接提升學生面試的技巧，而且在模擬訓練中，學生更可應用中一級活動所習得的有效溝通能力。例如：自我介紹部份，便需有效地傳遞訊息及表達自己；而小組討論部份，便需與組員交流並一同協作完成討論。因此模擬面試體驗活動在裝備學生軟技能的同時，亦直接帶領學生迎接升學的挑戰。

❖ 資訊管理、有效抉擇應用活動：iMap 模擬放榜體驗活動

目的：帶領學生及早預備放榜，以及訂立更清晰的方向

📋 內容及形式

- ☺ 人數：每組面試人數建議不多於 10 人
- ⏱ 需時：60 分鐘
- ◆ 物資：升學資訊、學生模擬成績表、出路計劃表、入學申請表、面試題目
- ▶ 玩法：

第一部份：前期預備

1. 由工作員指導學生經歷放榜前的預備，學生獲發一張出路計劃表。學生需預計自己公開試的成績，當中包括符合預期、高於預期及低

於預期。

2. 及後學生獲安排參閱不同升學資訊的時間，從中了解不同升學出路方向，並按自己預計的成績報讀課程。

第二部份：模擬放榜日

1. 學生收到模擬公開試成績單，即時憑成績單去申請合資格的學位；過程中，學生需參與入學面試及填寫入學申請表。

🅣 介入技巧經驗分享

● 工作員可按場地而決定用甚麼形式去展示升學及就業資訊。如場地許可，可預先製作多塊大型海報，分類展出本地升學出路之選擇；亦可以講座及簡報，或派發相關資訊文件予學生，讓學生即時接收資訊，並準備進行模擬報讀課程的部份。

● 升學出路的選擇和資訊，可包括海外升學及就業支援等，從而擴闊學生眼界，並對應不同學生的程度及需要。

● 為提升活動的真實性，工作員可準備模擬紙幣供學生報讀課程時使用，讓學生更真實地體驗升學流程。

● 模擬公考試成績單的內容必須由學校提供，以確保真實性。同樣地，為盡量貼近放榜的真實情況，成績單的設計應與真實的相似，而派發成績單的流程，可邀請學校老師協助。

● 入學申請表及升學面試的安排，可視乎活動時間去決定，如表格需填寫的資料、面試時間的長短。

☰ 程序功能及解說範例

● 工作員可透過解說，加強學生認識資訊管理及應用以及抉擇力；另一方面，可深化學生對放榜的認識，並帶領學生進一步想像真實的情景：

1. 你如何評估自己預計的成績？
2. 你如何將搜集得來的資訊和數據去滿足自己的期望？
3. 在搜集及分析資訊和數據時，你所遇到的困難是甚麼？
4. 在體驗的過程中，你有甚麼感覺？
5. 在今日的體驗中，有甚麼與你之前所想的不一樣，或者有新的認識？
6. 經過今日的體驗後，你有甚麼應對策略去面對放榜？

❖ 有效溝通能力應用活動：模擬面試體驗活動

目的：提升學生的面試技巧

📋 內容及形式

☻ 人數：每組 3–10 人

🕐 需時：60 分鐘

◆ 物資：面試技巧資訊簡報、面試題目、面試評析表

▶ 玩法：

第一部份：面試技巧講座

1. 透過簡報及影片，從多角度給學生介紹升學技巧及面試時需注意的地方，當中包括衣著儀容、身體語言、言談舉止、自我介紹內容及小組討論等等。

第二部份：模擬面試

1. 學生按各自選科的取向分組。如時間許可，建議面試內容包括自我介紹、個人回應及小組討論。每位自我介紹時間可設為 1.5 或 2 分鐘，而小組討論則視乎人數而定，一般不多於 6 人。

2. 每位學生完成自我介紹及個人回應後，工作員可即時邀請其他學生

給予回饋；工作員亦可給予意見，讓其他學生一邊等候，一邊學習。

3. 小組討論部份，可將所有人分成兩組進行，並且有互評環節，有助加深學生的印象，以及深化面試技巧。

🅣 介入技巧經驗分享

● 整個模擬面試活動並無分先後次序，工作員可在學生完成面試後，才安排技巧講座，這樣便能分析學生面試時的表現，並提醒他們一般常見的情況等。

● 工作員可按需要及時間，增添填寫入學申請表環節。

● 工作員可按不同學校學生的程度，利用物資去協助學生進行面試，例如設計「提示卡」，以提醒學生於自我介紹環節須提及的內容；分派「面談互評表」（附件十四），讓學生記錄組員表現，增加投入度。

▤ 程序功能及解說範例

● 工作員可透過解說及學生之間互相評析，加強學生的溝通能力，和深化學生對面試流程及內容的認識：

1. 你認為組員的自我表達部份，有哪些地方值得學習？

2. 你認為如何在面試中加強與組員或與面試官的溝通？

3. 在面試溝通過程中，你所遇到的困難是甚麼？

4. 在今日的體驗中，有甚麼與你之前所想的不一樣或者是新的認知？

5. 經過今日的體驗後，你有甚麼應對面試的策略？

附件十四：面試互評表

環節		自我介紹	個人回應
內容			
態度	眼神、坐姿		
	表情、身體語言		
	聲線、語速		
改善建議			

參考文獻

青年事務委員會（2017）。《香港青少年生涯規劃：命題、觀念、父母參與及實踐經驗》。取自 https://www.ydc.gov.hk/files/pressroom/report_2017.pdf

曾家達（2017）。《學習改變生活：知行易經系統》。香港：策馬文創。

Care E., Griffin P., & Wilson M. (2018). *Assessment and teaching of 21st century skills: Research and applications*. New York: Springer.

Cheung, T., Lee, R., Tse, A., Do, C. W., So, B., Szeto, G., & Lee, P. (2019). Psychometric properties and demographic correlates of the smartphone addiction scale-short version among Chinese children and adolescents in Hong Kong. *Cyberpsychology, Behavior, and Social Networking*, 22. 10.1089/cyber.2019.0325

Erikson, E. H. (1950). *Childhood and society.* New York: Norton.

Fullan M., Quinn J., & McEachen J. (2018). *Deep learning: Engage the world Change the world.* Thousand Oaks, CA: Corwin.

Kay, K., & Greenhill, V. (2011). *Twenty-first century students need 21st century skills*. 10.1007/978-94-007-0268-4_3

Plucker, J., Kaufman, J., & Beghetto, R. (2016). The 4Cs Research Series. *P21: Partnership for 21st century learning*. Retrieved from http://www.p21.org/our-work/4cs-research-series

編者 / 作者簡介

浸信會愛羣社會服務處團隊

李潔露：從事青少年工作二十多年，偶然認識了知行易徑的理論，並被其工作手法所吸引，故嘗試引入機構的服務當中，讓一群有心志的青年工作者，逐步發展具規模的「青少年生活世界設計」項目。

楊浩麟：綜合兒童及青少年服務中心主任。近年積極推動知行易徑於服務發展上，帶領團隊在超過二十所中學推行校本模式「生活世界設計」服務試驗計劃。

蔡鈺婷（隊長）、**蔡冠堯**（社工）、**趙萃樺**（社工）：「青少年生活世界設計」服務團隊。負責服務設計、執行及成效研究，一直善用前線實務經驗，不斷追求服務創新，於期間創造了超過五十個全新工作坊、大型活動及講座。

知行易徑團隊

曾家達：加拿大多倫多大學教授，知行易徑始創人。曾教授堅持實務為本的知識整合，倡議後職業時代觀點，意圖貫串由臨床實務的微過程到宏觀的大趨勢。

游達裕：資深社工，積極發展知行易徑的各類介入項目，如「生活世界設計」、安眠小組等，並為實務人員提供訓練，協助他們將知行易徑應用到工作中。

李穎敏：自 2014 年參與知行易徑團隊的研發工作，並於 2016 年起關注職業輔導和生涯規劃工作的實施及發展歷史，現職為英文第二語言教師及自由撰稿員。